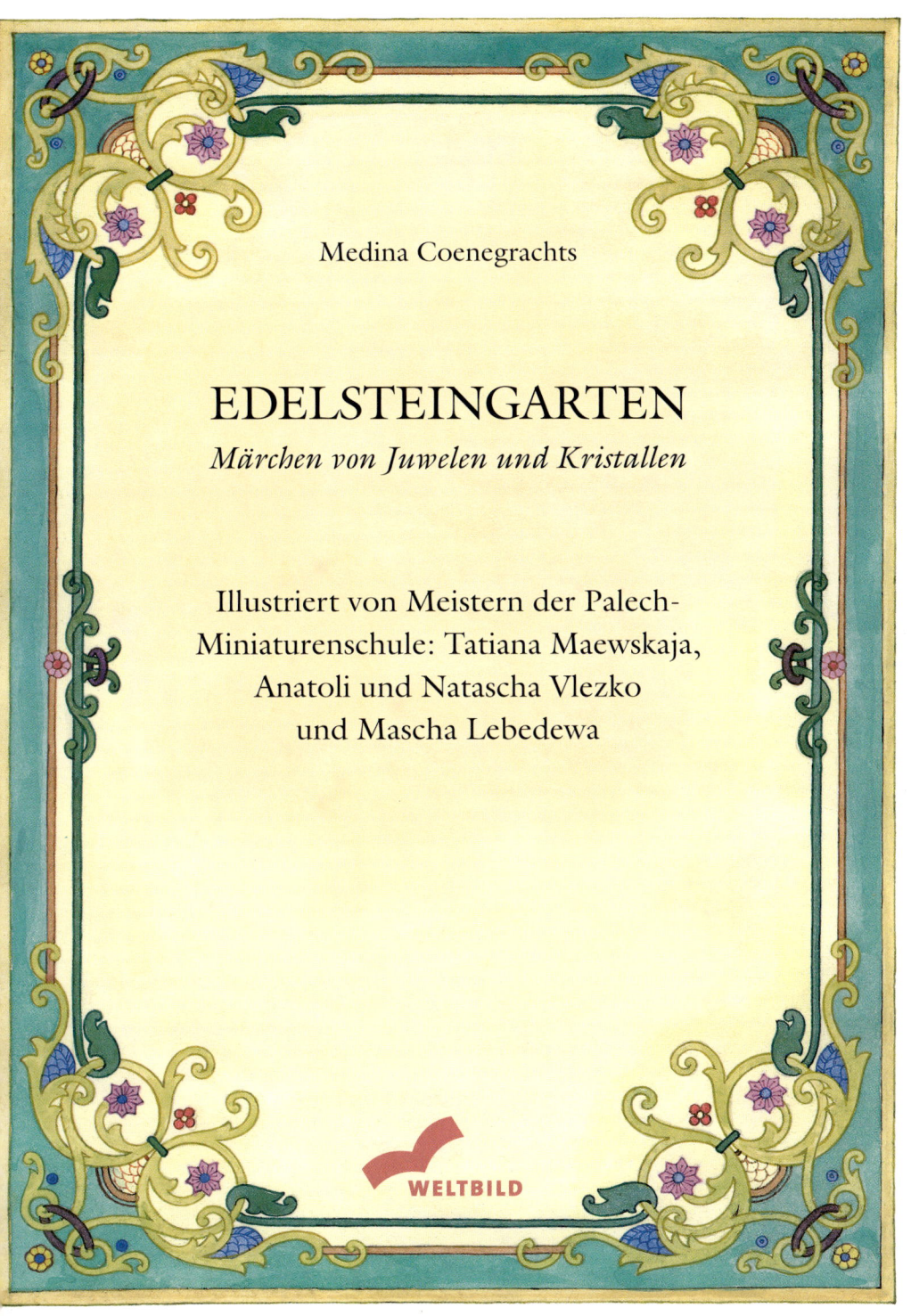

Medina Coenegrachts

EDELSTEINGARTEN

Märchen von Juwelen und Kristallen

Illustriert von Meistern der Palech-
Miniaturenschule: Tatiana Maewskaja,
Anatoli und Natascha Vlezko
und Mascha Lebedewa

WELTBILD

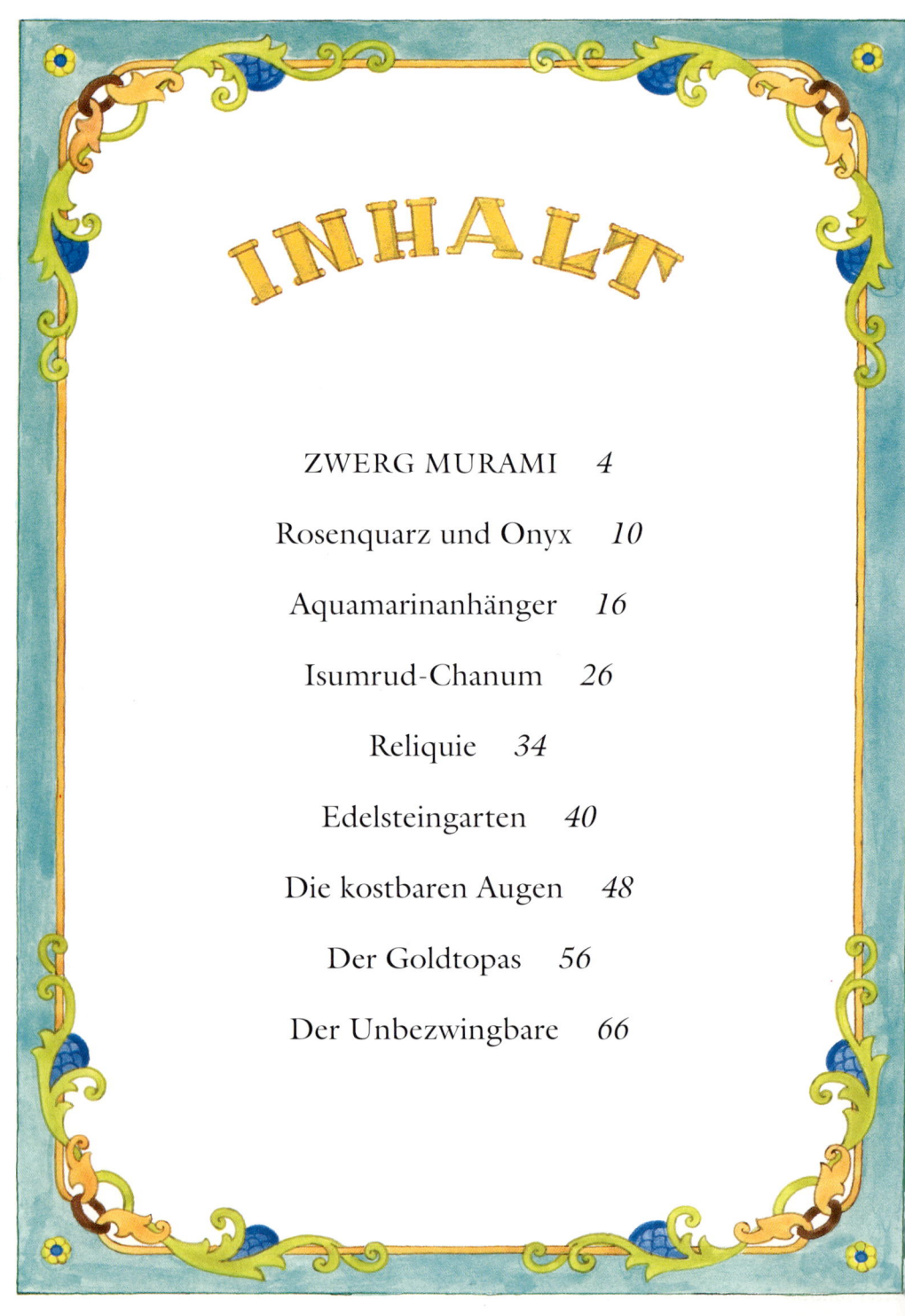

INHALT

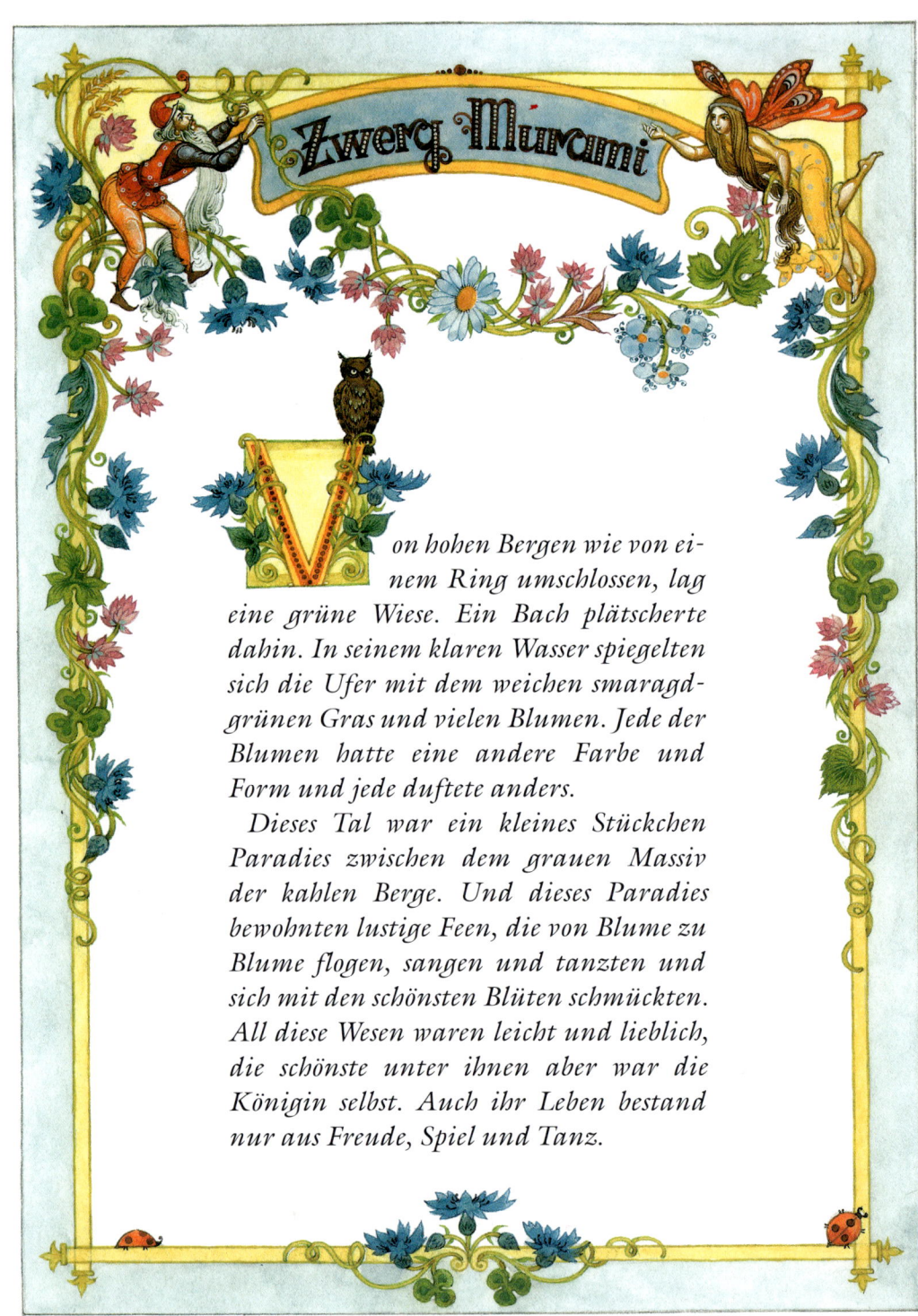

Zwerg Murmi

Von hohen Bergen wie von einem Ring umschlossen, lag eine grüne Wiese. Ein Bach plätscherte dahin. In seinem klaren Wasser spiegelten sich die Ufer mit dem weichen smaragdgrünen Gras und vielen Blumen. Jede der Blumen hatte eine andere Farbe und Form und jede duftete anders.

Dieses Tal war ein kleines Stückchen Paradies zwischen dem grauen Massiv der kahlen Berge. Und dieses Paradies bewohnten lustige Feen, die von Blume zu Blume flogen, sangen und tanzten und sich mit den schönsten Blüten schmückten. All diese Wesen waren leicht und lieblich, die schönste unter ihnen aber war die Königin selbst. Auch ihr Leben bestand nur aus Freude, Spiel und Tanz.

So ging es viele Jahre lang, bis der Herr der Berge, der Zwerg Murami, sie erblickte. Von da an warb er beharrlich und zäh um die liebliche Feenkönigin. Er wollte sie für sich gewinnen, sie mit in die ewige Finsternis des Berges nehmen, dorthin, wo keine Blumen blühen, wo kein klarer Bach plätschert, weit weg von den Freundinnen und dem blauen Himmel.

»Heirate mich, und du wirst die Herrin des Berges werden«, bat er. »Was ist schon dein Bach? Wasser, nichts als Wasser! Ich erschaffe dir einen unterirdischen Bach aus reinsten Aquamarinen und Bergkristallen.«

»Aber darin kann ich nicht baden«, entgegnete die Feenkönigin.

»Er ist dafür aber sehr kostbar und schön.«

»Ich möchte hier unter der goldenen Sonne bleiben und in diesem Blumengarten tanzen.«

»Was ist schon die Sonne! Meine Rubine leuchten feuriger als die Sonne, die doch nur blendet und brennt. Und deine Blumen? Fasst man sie an, so zerbrechen sie. Ich baue dir einen Edelsteingarten, der seinesgleichen nicht hat, der nie verwelkt. Komm mit, heirate mich!«

»Ich liebe den Nachthimmel mit seinen funkelnden Sternen und den milden, frischen Wind.«

»Was ist ein Sternenhimmel? Ich errichte dir einen Himmel aus den prächtigsten Sternsaphiren, einen so schönen und kostbaren, wie es ihn noch nie gab. Bei mir im Berg arbeiten tausende von Zwergen, die dir jeden

Wunsch erfüllen werden. Gehst du aber nicht freiwillig mit, so überschütte ich deine Wiese mit Steinen und verwandle sie in eine staubige Wüste!«

»Lasse nur hier alles so, wie es ist«, bat die Feenkönigin. »Ich werde dich heiraten. Nur erlaube mir, einmal im Monat einen Tag lang hier oben zu verbringen, mit Spiel und Tanz, so wie bisher.«

»So soll es sein, ich erlaube es dir.«

Die zerbrechliche, entzückende Feenkönigin heiratete den mächtigen Herrn der Berge. Es war ein prunkvolles Fest, und er überhäufte sie mit kostbaren Geschenken. Die Hochzeitstafel wurde von Bergzwergen und Feen gemeinsam geschmückt. Viel feines Gold- und Silbergeschirr schleppten die Zwerge aus den Kammern. Die leichtfüßigen Feen brachten duftende Blumen herbei.

Nach dem ersten Trunk sagte Zwerg Murami zu seiner Frau: »Noch ein Geschenk habe ich für dich. Ich erfülle dir einen Wunsch. Er mag noch so ungewöhnlich oder ausgefallen sein. Wünsche dir etwas!«

»Mir fällt nichts ein. Du hast mich bereits so reich beschenkt, dass ich mir nichts mehr wünsche.« »Dann verschieben wir es auf später. Sobald dir etwas einfällt, sage es mir, und ich erfülle dann deinen Wunsch.«

Von Sonnenschein und dem Blumenduft wurde die niedliche Feenkönigin nun getrennt. Mit stiller Sehnsucht dachte sie an die fröhlichen Zeiten unter dem blauen Himmel zurück, an ihre lustigen Gespielinnen. Hier

im Inneren des Berges war das Leben anders. Es wurde weder gescherzt noch getanzt oder gesungen, hier wurde angestrengt gearbeitet. Auch ihr Mann arbeitete den ganzen Tag. Er beherrschte jede Tätigkeit vollkommen, angefangen vom Erzholen, am Glühofen stehen und schmelzen, bis zu den feinsten Goldarbeiten. Sie wunderte sich über seine Geschicklichkeit und Ausdauer. Nach und nach lernte die neue Herrin des Berges ihr Reich kennen, ihre Untertanen verstehen und die Arbeit schätzen.

Eines Tages führte ihr Mann sie durch die Hallen und Werkstätten. Dabei kamen sie in einen kleinen Raum, in dem nur wenige verrußte Gestalten beschäftigt waren. Jeder war tief in seine Tätigkeit versunken, jeder fertigte einen anderen Gegenstand an.

»Warum sind sie von den anderen abgesondert?«, wollte die Fee wissen.

»Das sind ungewöhnlich begnadete Geschöpfe. Sie haben von der Natur eine seltene Gabe erhalten, nämlich ihre Wünsche und Gedanken in die von ihnen gefertigten Schätze einzuarbeiten. Dazu benötigen sie Ruhe und Konzentration. Es sind gute und böse Gedanken und Wünsche. Siehst du diesen kleinen Alten dort in der Ecke? Er ist ganz besonders phantasievoll und geschickt. Je nach Laune fertigt er die seltsamsten Gegenstände an, und jeder bringt seinem Besitzer Freude oder Unglück. Er hat eine ganze Menge Erinnerungen, die ihn an seine

8

Werke binden. Es sind tragische und beglückende, komische und lustige dabei.«

»Aber wenn solche Wünsche Unheil anrichten, so muss man damit aufhören und die Sachen vernichten!«

»Manche bringen auch Glück«, meinte König Murami versonnen, »all diese Schätze haben ihre eigene Geschichte.«

»Würdest du mir einige erzählen?«

»Wenn es dir Freude bereitet, gerne.«

Und König Murami begann zu erzählen …

»Ich meine nur solche, die Kummer und Leid bringen. Man sollte sie vernichten und nie wieder neu erschaffen. Meinst du nicht auch?«

»In der Natur besteht ein Gleichgewicht zwischen Gut und Böse, zwischen Licht und Finsternis. Man kann es nicht beeinflussen, auch Unglück gehört zum Leben.«

»Erzähle mir mehr darüber. Ich möchte die Geschichten über die Kleinode dieser Meister kennen lernen.«

»Wenn es dir Freude macht, gerne.«

»Ja, ich bitte dich darum.«

Und der weise König Murami begann zu erzählen …

rosenquarz und onyx

Die Wellen schlugen in gleichmäßigem Rhythmus gegen das graue Gestein und zersprangen in Myriaden funkelnder Diamanten. Kaskadenartig fielen dunkelrote Rosen die Klippe herunter. Der Wind, mal sanft kosend, mal stürmisch wogend, bewegte Blätter und Blüten. Zerbrach die Woge am Felsen, so griffen ihre Ausläufer nach den Blüten und besprengten die leuchtende Pracht mit belebendem Nass. Weit ins Meer hinaus ragte die steile Klippe. An ihrer Spitze, umgeben von dichtem Grün, schimmerten die hellen Ruinen eines Schlosses.

Es lohnte sich, auf der anderen Seite nach dem kaum erkennbaren Pfad zu suchen und den steilen

Weg zu erklimmen. Vielfach wurde man für diese Mühe belohnt.

Ungestört und üppig entfaltete sich hier die Vegetation. Vier strenge Zypressen bewachten den Eingang des Schlosses, die leuchtenden Blüten der Sträucher erfreuten das Auge. Das Gebäude war verfallen, das Dach eingestürzt. Die Reste der Wände jedoch ließen die frühere Pracht erkennen.

Mitten im Garten stand ein zierlicher Brunnen aus Rosenquarz. Das Becken war muschelförmig gestaltet, schwach sickerte das Wasser aus den Öffnungen und verdunstete sofort. Wenn man von dieser Stelle zur Schlossruine hinüberblickte, so war nur eine schwarze Säule zu erkennen. Sie war voller Risse, Gras wucherte aus ihr heraus, und nur an wenigen Stellen ließ sich erkennen, dass dies früher eine kunstvoll gearbeitete Onyxsäule gewesen war.

Vor langer, langer Zeit, als die Menschen noch an Hexen, Zwerge und Zauberer glaubten und mit ihnen Kontakt pflegten, trug sich die folgende Geschichte zu.

Es ergab sich, dass ein Ritter mit einem Zwerg eine Abmachung traf: Der Zwerg versprach dem Ritter, ihm ein prächtiges Schloss zu erbauen, und noch genügend Reichtümer dazu. Der Ritter verpflichtete sich dafür, ihn als seinen Verwandten auszugeben und ihn an allen menschlichen Vergnügungen und Festen teilnehmen zu lassen, die im Schloss veranstaltet wurden.

So entstand mitten im Meer auf der Klippe ein Bauwerk von seltener Schönheit. Im maurischen Stil gehalten, jedes Gemach aus einem anderen Halbedelstein gefertigt, mit erlesenem Geschmack eingerichtet, hatte dieses Schloss kein zweites, das ihm an Pracht und Schönheit glich.

Die Zeit der frohen Feste begann. Tag für Tag kamen Gäste, bis spät in die Nacht spielte Musik, lachten vergnügt die Menschen, und zahlreiches Küchenpersonal sorgte für ausgesuchte kulinarische Genüsse. Auf dem Ehrenplatz saß der greise Zwerg und versuchte, am Vergnügen der leichtfertigen Menschen Freude zu finden. Aber kaum waren einige Wochen vergangen, da fand der Alte die Unterhaltung hohl und uninteressant, die Gäste langweilig. Öfters blieb er dem Vergnügen fern und sein Platz verwaiste mit der Zeit ganz.

Ein neuer üppiger Sommer ging ins Land. Herrlich blühten die Rosen im Garten. Zu dieser Zeit betrat zum ersten Mal eine junge Schwedin mit ihren Eltern das Schloss. Das Mädchen zählte achtzehn Lenze und war zu einer kühlen, aber außerordentlichen Schönheit erblüht, die die Herzen der Männer höher schlagen und die Frauen vor Neid erblassen ließ. Der Hausherr verliebte sich besinnungslos in das schöne Kind und warb um sie mit allen Mitteln. Schon glaubte er, ihre Zuneigung gewonnen zu haben, als der Zwerg wieder auf der Bildfläche erschien. Ein Blick genügte, und der Greis entflammte wie ein Jüngling. Alles, was längst vergessen, was seit langem schlief, erwachte plötzlich zum Leben und forderte seine Rechte. Der Zwerg beschloss, das Mädchen zu heiraten.

Er gestand ihr seine Liebe, doch sie lachte über ihn. Er verzehrte sich in Qualen der Leidenschaft und Eifersucht. Seine Liebe aber blieb unerwidert und brachte ihm nur Spott ein. Da entschloss er sich, zu den Zaubermitteln zu

greifen. Schrecklich kann der Zauber der Zwerge wirken. Er braute ein Elixier, das das junge Mädchen willenlos machen sollte. Und es wirkte! Es verwirrte ihr die Sinne und trübte ihren Geist. Von da an sah die Schwedin weder das Alter des Zwerges noch seine Hässlichkeit. Sie hielt ihn für den edelsten und stattlichsten Mann auf Gottes Erde.

Vergebens kämpfte der Ritter um seine verlorene Liebe, das Mädchen sah und hörte ihn nicht mehr. In rasender Eifersucht verbot er dem Zwerg sein Haus.

»Hast du vergessen, was du geschworen hast?«, fragte der Zwerg drohend, »du bist wortbrüchig geworden, und nur deshalb, weil das Mädchen mich und nicht dich liebt!«

»Das ist nicht wahr!«, rief leidenschaftlich der junge Mann aus, »mit Zauberei hast du sie verwirrt! Dich liebt sie nicht, denn dich kann man nicht lieben!«

»Hüte deine Zunge!«, drohte der Greis.

»Ich bin bereit, meine Worte zurückzunehmen, wenn sie nicht wahr sind. Gib die Jungfrau frei und lasse sie selbst entscheiden. Wählt sie aus freien Stücken dich, so verlasse ich diese Gegend und komme nie wieder. Entscheidet sie sich jedoch für mich, so gehe du.«

»Nun gut«, antwortete der Zwerg, »ich werde dir beweisen, dass sie mir in Liebe zugetan ist. Es sei!«

Er holte aus der Tasche einen kleinen Beutel mit Kräutern und warf ihn zum Fenster hinaus. »Rufe sie und du wirst sehen, dass sie mich erwählt!«

Der Ritter entfernte sich und kam gleich darauf mit der Schwedin wieder. Bestürzt blieb sie an der Tür stehen und rief entsetzt aus: »Was

ist hier geschehen? Wer ist dieser betagte Mann?«

»Mein Mädchen, ich bin es doch, dein ergebener Diener …«, fing der Zwerg vorsichtig an.

»Wie kannst du es wagen, mich dein Mädchen zu nennen? Bitte, edler Ritter, schütze mich vor diesem schrecklichen Geschöpf!«

»Du siehst, sie hat gewählt und sich entschieden. Gehe nun und störe uns nicht mehr!«

»Wohl denn«, sagte der Zwerg drohend, »ich gehe, aber du, kaltes, herzloses Kind, sollst in Tränen vergehen! Und du, Wortbrüchiger, sollst in Hitze und Leidenschaft bis in alle Ewigkeit glühen!«

Ein mächtiger Donner erscholl, und das Schloss stürzte ein. Im selben Augenblick entstand ein rosa Springbrunnen im Garten und eine Onyxsäule anstelle des Schlosses.

So weint Tag für Tag der Brunnen. Kommt die Sonne hervor, so erhitzt sich der schwarze Stein der Säule, er atmet und glüht aus. Er leidet Feuerqualen und vermag die Tränen seiner Liebsten doch nicht zu trocknen.

AQUAMARIN ANHÄNGER

eise plätscherte das Wasser, kosend weich umschmeichelte der sanfte Wind die schlanken, strengen Zypressen und die prächtigen Palmen. Die Sonne senkte langsam ihre goldenen Strahlen in die unendliche saphirblaue Tiefe des Meeres.

Am Strand saß einsam ein junger Mann mit einem Block und einem Zeichenstift und blickte in die Ferne. Er suchte nach Motiven. Viele Bilder zogen in seiner Fantasie vorbei und immer wieder blieb sein Auge an der fernen, kaum erkennbaren Insel haften. Ihn lockte das Geheimnis, das sich um dieses Kleinod im Meer rankte. Die scheuen, knappen Erzählungen der Einwohner über die seit langem verlassene Insel, über ihre frühere Herrschaft, über das rätselhafte Schicksal des schönen Mädchens, das einst diese Insel bewohnte und aus Liebeskummer in die Fluten sprang, weckten seine Neugier.

»Leihst du mir dein Boot, Josef?«

»Nein«, kam die mürrische Antwort aus der kleinen Schilfhütte am Strand.

»Soll ich hinschwimmen oder laufen?«

»Laufe.«

»Sei nicht so unfreundlich. Gib mir dein Boot. In zwei Stunden bin ich zurück.«

»Nein. Laufe hin oder schwimme, aber lass mich in Ruhe, ich bin müde.«

»Du schläfst den ganzen Tag und die ganze Nacht. Wovon bist du müde? Was bist du für ein fauler Mensch!«

»Ich bin nicht faul, lass mich schlafen.«

»Kriege ich dein Boot oder nicht?«, fragte ungehalten der junge Mann. Er bekam keine Antwort.

»Nun gut, wie du willst! Ich schwimme hin, aber fischen musst du heute allein!«

Der Jüngling legte Papier und Zeichenstift beiseite, streifte die Sandalen ab und lief zum Wasser.

»Nimm schon das Boot, du verdammter Narr! Du lässt dir ja doch nichts sagen! Rudere hin, mach selbst deine Erfahrungen, auf mich hörst du ja nicht. Sieh dir das Elend dort an, aber achte darauf, dass du noch vor Sonnenuntergang zurück bist.«

»Schon gut, ich bin bald zurück.«

»Komm noch vor Sonnenuntergang! Hörst du? Denk daran!«, schrie der Greis dem sich entfernenden Boot nach.

Klar und ruhig war das Meer. Samtweich und golden schimmerte der feine Sand. Die Sonne warf tausend brennende Funken auf die Wasseroberfläche. Gespannt blickte der junge Mann der faszinierenden, fremden Insel entgegen. Ein Hauch Romantik, gemischt mit einem gehörigen Schuss Neugier bewegte seine Brust. Langsam näherte er sich den senkrechten Felsen.

Zweimal umruderte er das Gestein, bevor er die kleine, versteckte Grotte fand, in der er sein Boot befestigte. Über eine schmale, feuchte Steintreppe gelangte er an die Oberfläche und stand plötzlich in einem paradiesischen Garten mit üppiger Vegetation. Efeu und Sträucher überwucherten die Wände des verfallenen Schlosses. Die Sonne beleuchtete eine Reihe weißer

Grenzsteine, die am Rande des Felsens standen. Jeder der Steine trug eine verblasste Inschrift.

Die Halle des Schlosses lag im Dunkeln. Ein feuchter, kühler Hauch wehte ihm entgegen. Die Reste der einstigen Pracht waren noch zu erkennen, aber die Zeit war nicht spurlos daran vorübergegangen. Die Möbel waren fast vermodert, die Stoffe zerfielen bei dem geringsten Windhauch. Eine dicke Schicht Staub bedeckte den Boden und von der Decke hingen Spinnengewebe herab.

Im Nebengemach stand das Gestell eines einstmals bequemen Bettes. Ein zerbrochener Spiegel hing an der Wand und über dem Kamin ein Bild …

Betroffen blieb der junge Maler stehen. Das Bild war neu, der Rahmen unbeschädigt, die Farben wirkten frisch. Ein zauberhaftes junges Mädchen blickte ihn mit dunklen Augen spöttisch und zugleich lockend an. Vermutlich stellte das Bildnis die frühere Herrin des Schlosses dar. Ihre Kleidung war altmodisch, aus fließenden Stoffen gefertigt, das dunkle üppige Haar mit einem Perlennetz gehalten. Um den Hals trug sie eine matt schimmernde Perlenkette, die an der Brust in einem großen, funkelnden Aquamarin endete.

Dieses Kunstwerk war von Meisterhand geschaffen! Die Augen, das ganze Gesicht wirkten so echt und nah, dass man ein lebendiges Wesen vor sich zu sehen glaubte. Je länger der junge Mann das Bildnis betrachtete,

desto unheimlicher wurde ihm zumute. Ein banges Gefühl erfasste ihn, er schauderte und lief hinaus.

Wärme und Blütenduft strömten ihm entgegen. Die Sonne neigte sich dem Westen zu. Er besann sich seines Versprechens, vor Sonnenuntergang zurück zu sein, und eilte zum Boot.

Mit jedem Ruderschlag blieb die kleine Insel weiter zurück und das bange Gefühl verschwand. Erleichtert atmete er auf, als er den Strand unter seinen Füßen spürte. Erschöpft von seinem Abenteuer legte er sich in den Sand und schlief ein.

Eine warme Sommernacht breitete sich über die Erde. Silbrig schimmerte das Wasser des Meeres. Der Mond bildete eine leuchtende Lichtstraße auf dem Wasser, die bald die unheimliche Insel erreichte. Ein durchsichtiges Wesen glitt dem Festland zu. Weich bedeckte der leichte Stoff den schlanken Körper, das offene Haar fiel sanft über die zarten Schultern.

Das Mädchen erreichte das Ufer, ging auf den schlafenden Maler zu, neigte sich über ihn und flüsterte ihm zu: »Komm mit mir, Liebster, wach auf. Ich warte auf dich. Komm mit mir, eine Sommernacht ist kurz, versäumen wir nicht die kostbaren Stunden.«

Schlaftrunken erhob er sich und folgte dem Ruf der Fremden. Sie glitt vor ihm die Mondstraße entlang auf die Insel zu und er folgte in ihrem Sog. Sie betraten die Insel und der junge Mann erwachte vollends. Er er-

kannte die Umgebung nicht mehr wieder. Das Schloss,
eben noch eine verlassene Ruine, war nun hell erleuch-
tet, fröhliche Musik und Menschenstimmen klangen
ihnen entgegen. Die Unbekannte führte ihn in die
Halle, die er vor wenigen Stunden verlassen hatte. An
einem festlich gedeckten Tisch speiste eine seltsame
Gesellschaft. Ein betagter Diener servierte.

»Sei mein Gast«, sagte das Mädchen freundlich, »ich ziehe mich um und komme gleich wieder.« Sie entfernte sich leichtfüßig.

»Was wünscht der Herr zu trinken?«, hörte der Maler eine ihm vertraute Stimme sagen und erkannte zu seiner Überraschung in dem Diener den alten Josef aus der Schilfhütte am Strand. Sein Mund öffnete sich schon zu einer Frage, doch dann erstarrte er.

»Du unverbesserlicher Narr«, flüsterte der Diener böse, »habe ich dich nicht gewarnt? Du wolltest ja auf mich nicht hören. Jetzt bist du verloren. Hier, nimm dies und gib es nicht aus der Hand, sonst steht morgen im Garten ein weißer Stein mehr.«

Verstohlen senkte der junge Mann seinen Blick und sah in seiner Hand den leuchtenden Aquamarinanhänger von der Perlenkette auf dem Gemälde.

Die Herrin des Schlosses betrat die Halle und ward freudig von den Gästen begrüßt. Jetzt erkannte der Maler in ihr das schöne Wesen vom Bild. Alles glich dem Bildnis aufs Haar: die Kleidung, die Frisur, der Schmuck … nur an der Perlenschnur um ihren Hals hing kein Aquamarin. Ein banges Gefühl überkam den jungen Mann. Er betrachtete die Gäste und stellte fest, dass es nur Männer waren, dass sie nichts aßen, dafür aber umso mehr Rotwein tranken, und dass sie Kälte und Leichengeruch verströmten. Übelkeit erfasste ihn, er erhob sich und floh in den Garten.

Hier sah er mit Schaudern an jedem der weißen Grenzsteine ein offenes Grab und las die jetzt deutlich gewordenen blutroten Zeichen darüber. Jede der Inschriften gab ein Grabgeheimnis preis: den Namen, das Alter des Mannes und die Stunde seines Todes.

»Ich freue mich, dich alleine hier zu sehen, Liebling«, hörte er die sanfte Stimme des Mädchens, »komm mit, komm mit mir.«

Die Kräfte verließen ihn und er folgte ihr gehorsam. Sie betraten das Schlafgemach. Das Prunkbett war mit Seidendecken und Spitzenwäsche frisch bezogen, schwere Teppiche bedeckten den Boden. Das Bild über dem Kamin aber war eine leere Leinwand.

»Komm zu mir«, lockte die verführerische Stimme, »komm, Liebster, ich warte schon so lange auf dich.«

Sie zog ihn an sich heran, neigte sich über ihn und küsste ihn heiß und leidenschaftlich. Ihre Lippen glitten über sein Gesicht zum Hals, er spürte ihre scharfen Zähne und zuckte zusammen. Nur mit Mühe konnte er sie abwehren.

»Oh«, stöhnte sie machtlos, »wer gab dir die Kraft, mir zu trotzen?«

»Weiche von mir, Weib! Lass mich los!«

»Hast du die Männer in der Halle gesehen? Ich habe sie alle geliebt und sie starben für mich. Sie sind mir alle treu geblieben. Jedesmal bei Vollmond locke ich mir einen neuen Liebhaber für eine Nacht vom Festland her

und keiner vermochte bis jetzt meinem Zauber zu widerstehen. Sie alle starben noch in derselben Nacht in diesem Bett.«

»Weiche! Ich will weder dich, noch will ich sterben! Fort mit dir!«

»Herbei! Mir zur Hilfe!«, schrie sie gellend und im Nebenraum erscholl der Lärm.

Geschickt sprang der junge Mann zum Fenster hinaus und rannte zur Grotte. Unten am Wasser erwartete ihn schon der alte, treue Josef in seinem Boot.

»Halte den Stein fest, nur er kann dich noch retten. Und beeile dich, sonst bist du verloren!« Der alte Josef stieß das Boot ab und der junge Maler ruderte um sein Leben.

Als er aus der Grotte fuhr, sah er noch, wie die wilde Meute sich auf den alten Mann stürzte und ihn unter sich begrub.

Nach ermüdendem, raschen Rudern erreichte der junge Maler den vertrauten Strand, sprang aus dem Boot und betrat die Schilfhütte. Sie war leer. Josef kam in dieser Nacht nicht zurück …

Der Jüngling ging zum Wasser, holte aus und warf den glitzernden Aquamarinanhänger weit in die Fluten. Die Sonne ging auf, vergoldete den Strand, belebte das Wasser mit ihren warmen Strahlen.

Der Maler packte seine wenigen Habseligkeiten zusammen und verließ für immer die Gegend.

*D*as war die Geschichte vom Aquamarinanhänger.
»Diese Steine habe ich dir gezeigt. Aquamarin ist
ein zarter, heller Stein aus der Gruppe der Berylle. Er
gilt als Schutzstein der Seeleute. In diese Gruppe gehören
auch der Smaragd, der farblose Goschenit, der gelbe
Goldberyll und der zartrosa Morganit.«

»Das mag schon sein, aber die Geschichte war trotzdem
sehr traurig und grausam. Der arme Josef! Er ist doch
ganz umsonst gestorben, hat sein Leben für die Dummheit eines anderen geopfert.«

Murami dachte nach und erwiderte: »Die Jugend hat
ein Recht auf Dummheit, sie wird erst mit den Jahren
klüger und einsichtiger. Was aber die Gedanken, welche
die Zwerge in die Kleinode einarbeiten, betrifft, so gibt
es verschiedene, nicht nur negative. Oft wird die Ent-
scheidung auch dem Besitzer des Juwels überlassen. Ich
erinnere mich da an einen Stein, der Alexandrit
heißt …«

»Erzähle, bitte!«

Und König Murami begann eine neue Geschichte.

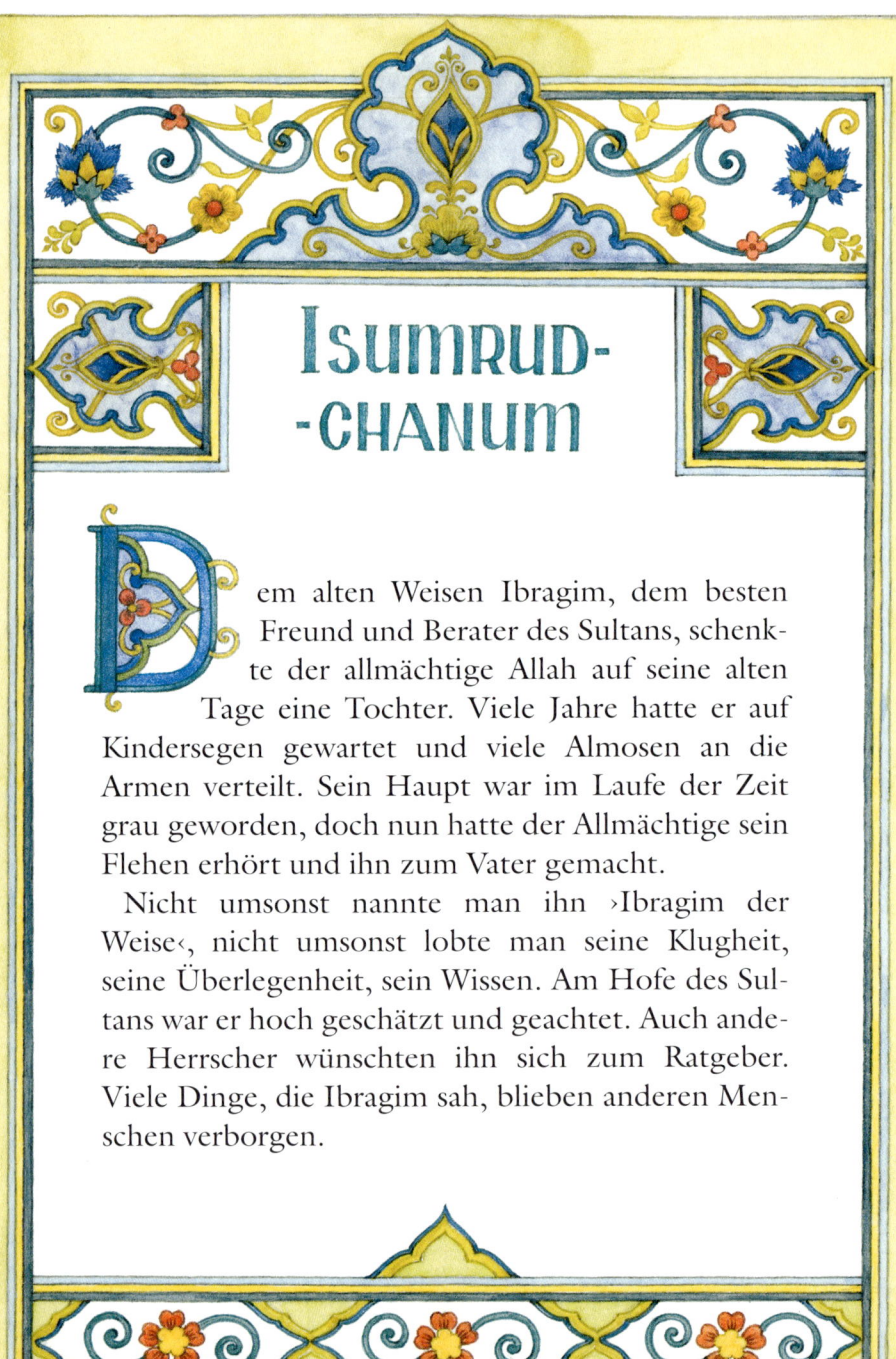

ISUMRUD-
-CHANUM

Dem alten Weisen Ibragim, dem besten Freund und Berater des Sultans, schenkte der allmächtige Allah auf seine alten Tage eine Tochter. Viele Jahre hatte er auf Kindersegen gewartet und viele Almosen an die Armen verteilt. Sein Haupt war im Laufe der Zeit grau geworden, doch nun hatte der Allmächtige sein Flehen erhört und ihn zum Vater gemacht.

Nicht umsonst nannte man ihn ›Ibragim der Weise‹, nicht umsonst lobte man seine Klugheit, seine Überlegenheit, sein Wissen. Am Hofe des Sultans war er hoch geschätzt und geachtet. Auch andere Herrscher wünschten ihn sich zum Ratgeber. Viele Dinge, die Ibragim sah, blieben anderen Menschen verborgen.

Seiner Tochter gab Ibragim den Namen Isumrud, was in der persischen Sprache »Smaragd« bedeutet. Noch am Tage ihrer Geburt forschte er in den Sternen und erblickte darin eine kurze, helle, leuchtende, kometenhafte Zukunft – weiter vermochte er die Zeichen nicht zu deuten. Es schien ihm, als hinge Isumruds Glück mit irgendeinem Gegenstand zusammen, aber mit welchem nur? Vergebens mühte sich Ibragim, die Sterne gaben ihr Geheimnis nicht preis.

Unter den Gaben, die seine Freunde brachten, befand sich ein Ring, ein einfach gefasster, schlichter Reif mit einem Stein, der weder blau noch grün war und sich nur am Abend dunkelrot färbte.

Sobald Isumrud laufen konnte, griff sie nach diesem Ring und trug ihn dann ständig an der Hand. Einige Jahre vergingen. Isumrud verlor ihre Mutter. Auch ihres Vaters Rücken krümmte sich und seine Schritte wurden müde und langsam. Dafür entfaltete sich die Tochter in einer solch seltsamen Weise, dass ihre Schönheit die Menschen in Erstaunen versetzte. Sogar der alte Sultan des Landes verlor den Kopf bei ihrem Anblick.

»Ibragim, alle Schätze, die ich besitze, gebe ich dir für deine Tochter Isumrud!«

»Aber nein«, erwiderte der weise Mann, »sie ist doch noch ein Kind.«

»Ich heirate sie!«, drängte der Sultan.

»Deine Kinder sind älter als meine Isumrud. Außerdem habe ich nichts außer ihr.«

»Was willst du für sie haben? Nenne den Preis, du bekommst, was immer du willst!«

»Für sie gibt es keinen Preis. Sie soll frei bleiben«, wehrte der Vater ab.

Eines Tages erkrankte der alte Ibragim. Lange konnte er sich nicht erholen, dann spürte er das Ende nahen und rief die Tochter an sein Bett.

»Mein Kind«, sagte er, »höre gut zu, was ich dir sage, es ist wichtig für dein späteres Leben. Als du geboren wurdest, las ich eine glänzende Zukunft für dich in den Sternen. Dein Schicksal ist jedoch an einen Gegenstand gebunden. Lange Zeit habe ich danach geforscht, was für ein Gegenstand das wohl sein mag, und erst vor kurzem ist es mir offenbart worden. Es ist der Ring an deiner Hand. Der Stein ist sehr selten. Es ist der Stein des Alexander und er besitzt die Eigenschaft, die Farbe zu wechseln. So, wie seine Farbe sich verändert, so wirst auch du dich in deinem Wesen wandeln können. Womöglich kannst du Großes vollbringen. Mäßige dich aber und lerne, deine Leidenschaften zu beherrschen. Verlierst du einmal diesen Ring, so ist es auch mit deiner Kraft und deinem Zauber zu Ende. Und nun lebe wohl, mein Kind, meine Stunde ist gekommen.«

Nach dem Tod des Vaters siedelte Isumrud in den prächtigen Palast des Sultans über und bezog dort einige abgesonderte Gemächer.

Seltsam schön ist ein Alexandrit! Je nach den Lichtverhältnissen leuchtet er grün, blau oder violett, abends

bei schwindendem Tageslicht türkisfarben und blutrot bei Kerzenschein. Es ist ein ständiger Wechsel von Farbe und Leuchtkraft in diesem Stein.

Ähnlich war auch Isumrud. Es schien, als ob sich in ihr der Zauber und die Schönheit aller Frauen auf einmal vereinten. Sah der Stein blau aus, so war Isumrud zart, anschmiegsam und sanft, ihre Augen leuchteten blau und treuherzig, ihr Haar schimmerte hell, fast blond. Wechselte die Farbe des Steines zu grün, so wurde Isumruds Haar aschblond, ihre Augen geheimnisvoll grün und tief, und sie war unberechenbar, einmal anschmiegsam und weich wie eine Katze, dann wieder launisch und verspielt. Färbte sich der Stein rot, so waren Isumruds Augen veilchenfarben, das Haar leuchtete braunrot, sie sprühte vor Temperament und Feuer, vor Geist und guter Laune. Niemand war dann imstande, ihr zu widerstehen.

Diese Abende waren Qual und Seligkeit zugleich für die Männer, die die geheimnisvolle, schöne Isumrud sahen. An solchen Abenden glaubte sich der Sultan der Erfüllung seiner Wünsche nahe. Die Augen des Mädchens glänzten verheißungsvoll. Sie besaß Macht über den Herrscher und quälte ihn, sie war seine Chanum, seine Herrin. Genauso aber quälte sie den ältesten Sohn des Sultans, den schlanken, glutäugigen Amir. Es gab nichts, was er für sie nicht gewagt hätte. Sie reizte ihn, spielte mit ihm, mal rief sie ihn zärtlich zu sich, um ihn dann ungehalten wegzuschicken.

»Isumrud-Chanum«, bat der Sultan, »gebiete über mich. Du bist meine Sonne, mein Juwel! Heirate mich, und ich verstoße alle anderen Frauen aus dem Harem!«

Isumruds Lachen klang wie tausend Silberglöckchen: »Du bietest mir deinen Reichtum an, oh Sultan«, sagte sie neckisch, »Amirs Augen verheißen viel mehr.«

»Amir ist noch ein dummer Junge!«, rief der Sultan eifersüchtig, »er ist erst achtzehn!«

»Ich bin auch erst fünfzehn, oh weiser Sultan.«

Die Eifersucht des Herrschers wuchs. »Ich lasse ihn köpfen, den dummen Jungen!«

»Aber nicht doch, es war nur ein Scherz, oh Erhabener«, besänftigte ihn das Mädchen.

Von prachtvoller Schönheit sind die Nächte des Morgenlandes. Groß und nah funkeln die Sterne, die Luft ist warm und voller Rosenduft. Noch viel schöner war Isumrud. Sie tanzte. Ihr zarter Körper, geschmeidig und jung, bewegte sich rhythmisch, erst langsam, dann schneller und schneller, jetzt sah man nur noch ihren Schmuck glitzern und zarte Tücher wehen, wie eine leichte, bunte Wolke.

Plötzlich brach sie den Tanz ab und die Musik verstummte.

»Isumrud-Chanum, verlange von mir, was du begehrst, ich erfülle dir jeden Wunsch«, sagte der Sultan ergriffen.

»Wirklich jeden?«

»Ja!«

30

»Hm … vielleicht deinen Sohn Amir …«, begann das Mädchen. »Nein!«, schrie der Sultan, »das geht zu weit!«

»Dann etwas anderes, oh weiser Herr. Ich sage es dir leise ins Ohr.«

Sie streifte leicht seine Wange mit duftendem Haar. Er blickte überrascht und nickte.

Im Garten des Palastes traf Isumrud am nächsten Morgen Amir am Springbrunnen. Die Rosen waren noch feucht vom Tau und verströmten süßen Duft.

»Wenn du deinen Vater gedemütigt sehen willst«, ihre Augen sprühten und sie lachte, »so komme in einer Stunde zum Strand, Prinz Amir!«

»Du bist so schön wie dieser Morgen, Isumrud! Du leuchtest so hell wie die Sonne! Es gibt keine Worte, um deine Schönheit zu beschreiben. Trotzdem bitte ich dich, den erhabenen Sultan nicht zu demütigen!«

Träumerisch und zärtlich zugleich blickte Isumrud den jungen Mann an: »Du hast Recht, Amir, komm aber trotzdem«, bat sie sanft.

Eine Stunde später ritt Isumrud auf einem prächtigen Schimmel zum Strand, dem wartenden Sultan entgegen.

»Du wolltest mich heute hier sehen«, sagte dieser und winkte seiner Begleitung, zurückzubleiben. »Welchen Wunsch hast du nun, Herrin meines Herzens?«

»Wenn du mir diesen Ring zurückbringst, oh großer Sultan, so bin ich bereit, dich zu heiraten.«

Sie streifte den jetzt blaugrün schimmernden Alexandrit vom Finger und warf ihn in die Fluten.

Einen Moment zögerte der alte Mann. Zwei Gefühle kämpften in seiner Brust, doch die Liebe zu Isumrud siegte. Es war kinderleicht, den Ring aus dem flachen Wasser zu holen. Er befahl seiner Begleitung, zurückzureiten und ging ins Wasser. Durch das klare, blaugrüne Nass schillerte der goldene Sand, der Ring jedoch war nicht zu sehen. Der Sultan wagte sich weiter, seine Kleidung wurde nass und schwer. Er machte noch einige Schritte und verschwand plötzlich. Im gleichen Augenblick stürmte Amir heran.

»Wo ist der erhabene Sultan?«, fragte er und brach betroffen ab. Vor ihm stand nicht die bezaubernd schöne Isumrud, nach der sein Herz sich verzehrte, sondern ein unscheinbares, blasses und hässliches Geschöpf.

»Dein Vater ist ins Wasser gegangen.« Die Stimme klang so gewöhnlich, dass Amir sie kaum wiedererkannte. Der Zauber war gebrochen.

Man fand den ertrunkenen Sultan und brachte ihn in den Palast. Die Trauer im ganzen Land war groß. Am meisten jedoch klagte Isumrud, denn an diesem Tag verlor sie alles. Mit dem Verlust des Ringes büßte sie den ganzen Zauber ihres Wesens ein. Bald beachtete sie niemand mehr und sie geriet in Vergessenheit.

Reliquie

Siehe, wie königlich der Purpur leuchtet, wie herrlich die Juwelen glitzern! Wie prachtvoll die Pantöffelchen mit Perlen bestickt sind! Da, die Amethyste, in geheimnisvollem Violett, einer Farbe, die das Himmlische und Irdische harmonisch vereint. Hier, die Rubine, die glutvolle Funken sprühen! Und dort die sanften Saphire, die das Auge beruhigen und kosen.

Wie verzaubert stand das Mädchen vor dem Schrein. Kostbare Stoffe, edle Steine sah es. Die Gebeine, diese letzten Überreste eines Menschen, die an das Vergängliche erinnerten und an die Ewigkeit mahnten, die beachtete es nicht.

Der gelbe Schädel war klein und voller Risse, die Knochen der Hand fast durchsichtig, gekrümmt und mit kostbaren Ringen geschmückt. Auf dem Totenschädel leuchtete ein Diadem. Aus dem schweren Samt blickte ein Stück des Fußknochens in einem zierlichen Pantöffelchen.

»So viel Reichtum, verborgen und versteckt! Hätte ich nur einen dieser Ringe, nur diesen Gürtel, wie schön würde ich mich für ihn schmücken. Er liebt mich nicht, weil ich arm bin.«

Die feuchte Dämmerung der Kapelle spürte das Mädchen nicht, sah nicht das Grinsen im erstarrten Schädel, nahm die Grabeskälte nicht wahr. Gebannt schaute es auf den verführerischen Reichtum der auf Seidenkissen ruhenden Reliquie.

»Wozu brauchst du all das?«, klagte sie, »ich bin jung und arm, du bist tot und reich. Gib mir von deinem Reichtum ab, schenke mir nur einen kleinen Teil davon. Dich sieht um deinetwillen niemand mehr an, mich aber wird er lieben. Wie glücklich und dankbar wäre ich für einen einzigen Ring, für eine Spange, nur für eine Perle! Wie gerne würde ich mit dir tauschen und mich hinter das dicke Glas legen. Wie sehr würde er mich dann bewundern! Gib mir etwas ab von deinem Reichtum!«

Die Knochen unter dem Glas bewegten sich, der Schrein zerbrach. Vor dem erstaunten Gesicht des hübschen Mädchens erschien eine gelbe Hand, die ihr den Ring und andere Kostbarkeiten darbot.

»Nimm«, sagte eine Grabesstimme. Der Kiefer bewegte sich, das Tuch bebte. »Nimm, du hast mich darum beneidet. Nimm meinen Schmuck und gib mir dafür deine Jugend, deine Frische, deine Schönheit. Nimm alles, wenn du glaubst, dass dies hier mehr bedeutet.«

Das Mädchen streckte die Hand aus und berührte den Ring. Noch nie hatte sie etwas so Kostbares besessen! Gleich darauf reichte ihr die knöcherne Hand das Diadem, den Gürtel, die Perlen und die Armbänder.

»Ich danke dir«, sagte die Schöne atemlos vor Freude und legte die Gaben an.

»Danke mir nicht, bedauere dich selbst und weine über deinen Leichtsinn.«

Die Hände voll von Schätzen stürzte das Mädchen aus der Kapelle und eilte nach Hause in ihr ärmliches Stübchen.

Lange stand sie vor dem Spiegel und bewunderte die Kostbarkeiten. Sie konnte den Abend kaum erwarten.

Es dämmerte. Mit bebenden Händen legte die Schöne sich den Gürtel um den Leib. Sie setzte das Diadem vorsichtig auf ihr Haar und schmückte die schlanken Arme mit den dunklen Bändern. Dann ging sie ins Dorf zum Tanzen.

An diesem Abend glaubte sie das Herz des jungen Mannes gewonnen zu haben. Sie war selig. Den ganzen Abend tanzte er nur mit ihr allein, lobte ihre Schönheit und die Pracht der Juwelen. All die anderen Mädchen beachtete er nicht mehr. Sie war tatsächlich die Schönste von allen.

Kurz vor Mitternacht brachen beide auf. Wie zwei Verliebte gingen sie fest umschlungen durch die

nach Blüten duftende Allee und der Mann flüsterte ihr leise die ewig alten und immer jungen Worte der Liebe ins Ohr. Die Worte, die schon ihre Mutter und Großmutter zum Beben gebracht hatten. Sie wusste nichts davon, für sie waren diese Worte neu.

Die Kirchturmuhr schlug zwölf. Wieder neigte sich der Mann ihr zu. Doch plötzlich verzerrte sich sein Gesicht in wildem Entsetzen. Hastig schlug er ein Kreuz und stieß sie von sich. »Was ist mit dir, mein Liebster?«, fragte das Mädchen ahnungslos. Doch noch während sie die Frage aussprach, erfasste sie eine grauenhafte Ahnung: Sie erkannte ihre eigene Stimme nicht mehr.

»Du kommst aus dem Totenreich! Weiche von mir, Schreckliche!«

Der Mann machte eine abwehrende Geste, wandte sich ab und floh ...

Verwirrt, voller Enttäuschung, eilte die Schöne heim. Sie erreichte ihre Kammer und stürzte zum Spiegel, vor dem sie sich wenige Stunden zuvor so stolz in all ihrer Pracht bewundert hatte. Doch was sie nun erblickte, ließ ihr das Herz in der klammen Brust gefrieren. Sie sah direkt in die leeren Höhlen eines Totenschädels, dessen erstarrtes Grinsen von einem leuchtenden Diadem überstrahlt wurde.

Das schöne Gesicht der zarten Feenkönigin verzog sich schmerzlich. Tränen
liefen wie schimmernde Perlen über die elfen-
beinfarbene Haut. »Was für eine schreckliche
Geschichte! Es ist doch nur natürlich, wenn
ein Mädchen sich schmücken will. Die Schöne
wollte ihre Gestalt zieren, um dem Auserwählten zu gefallen.«

»Sieh doch, sie ist nicht für ihren Wunsch zu
gefallen bestraft worden, sondern für ihre
Habgier, für ihre unersättliche Gier nach
Reichtum und Tand. Die heilige Zurückge-
zogenheit der Reliquie, das Andenken und
der Respekt vor der Vergangenheit haben sie
nicht davon abhalten können, ihr Begehr zu
äußern. Doch um dich wieder zu beruhigen,
will ich dir nun eine glückliche Geschichte
erzählen, deren Ausgang dich heiter stimmen wird. Höre zu!«

Edelsteingarten

Von jeder menschlichen Behausung weit entfernt lebte einst zurückgezogen eine Frau. Sie war alt und einsam. Seit vielen Jahren hatte sie keine menschliche Stimme gehört, außer ihrer eigenen. In ihrem ganzen Leben hatte sie kein Kinderlachen vernommen, keine Tränen gesehen. Niemals hatte sie Mitleid mit irgendeinem Geschöpf empfunden und sich niemals über irgendetwas von Herzen gefreut.

Die alte Frau bewohnte ein kleines Haus mit winzigen, trüben Fensterchen und nicht einmal die Frau Sonne konnte hineinblicken. Hinter dem Häuschen befand sich ein von einem hohen Zaun umgrenzter Garten. Ihre ganze Zeit verbrachte die Frau hier, der

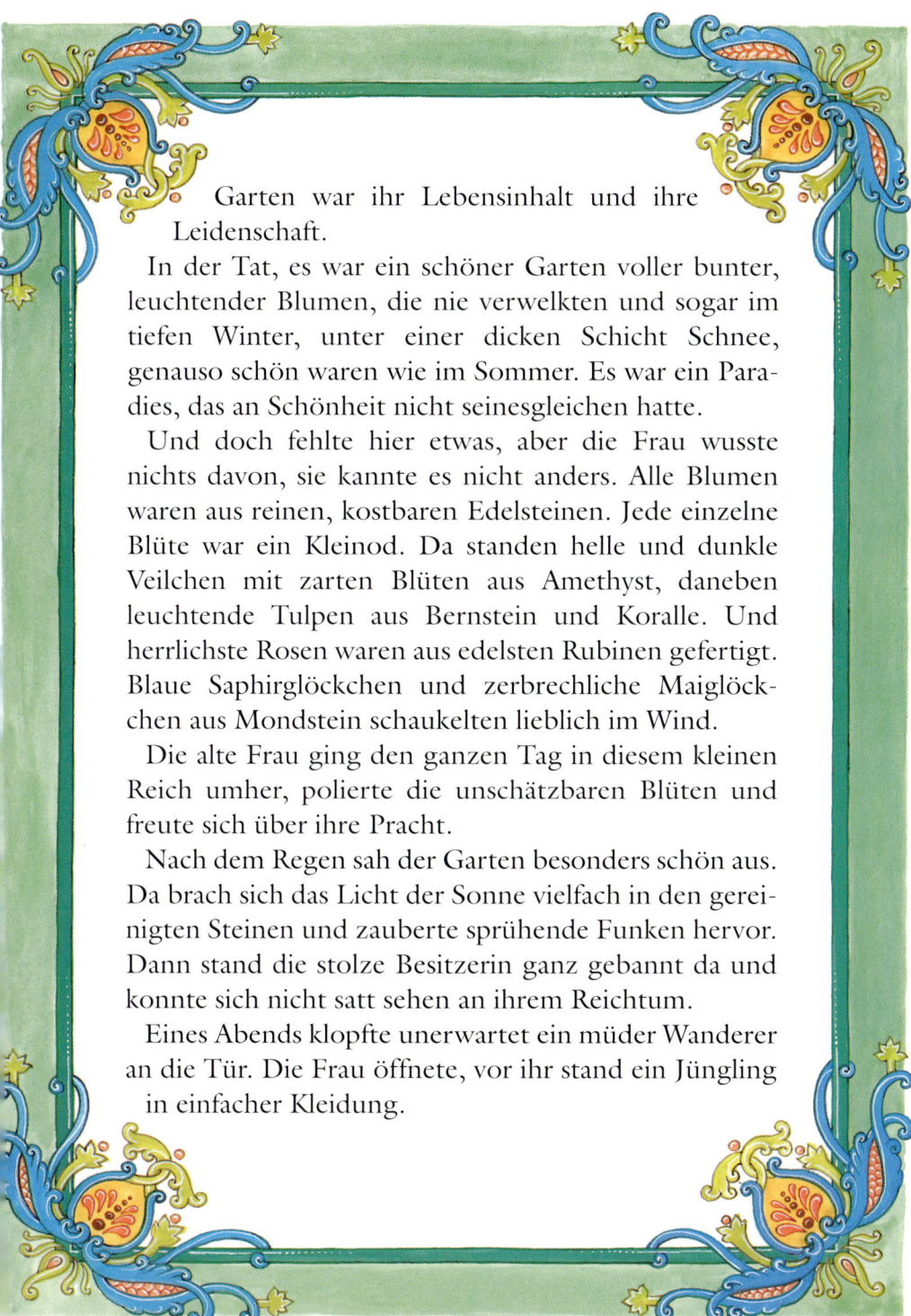

Garten war ihr Lebensinhalt und ihre Leidenschaft.

In der Tat, es war ein schöner Garten voller bunter, leuchtender Blumen, die nie verwelkten und sogar im tiefen Winter, unter einer dicken Schicht Schnee, genauso schön waren wie im Sommer. Es war ein Paradies, das an Schönheit nicht seinesgleichen hatte.

Und doch fehlte hier etwas, aber die Frau wusste nichts davon, sie kannte es nicht anders. Alle Blumen waren aus reinen, kostbaren Edelsteinen. Jede einzelne Blüte war ein Kleinod. Da standen helle und dunkle Veilchen mit zarten Blüten aus Amethyst, daneben leuchtende Tulpen aus Bernstein und Koralle. Und herrlichste Rosen waren aus edelsten Rubinen gefertigt. Blaue Saphirglöckchen und zerbrechliche Maiglöckchen aus Mondstein schaukelten lieblich im Wind.

Die alte Frau ging den ganzen Tag in diesem kleinen Reich umher, polierte die unschätzbaren Blüten und freute sich über ihre Pracht.

Nach dem Regen sah der Garten besonders schön aus. Da brach sich das Licht der Sonne vielfach in den gereinigten Steinen und zauberte sprühende Funken hervor. Dann stand die stolze Besitzerin ganz gebannt da und konnte sich nicht satt sehen an ihrem Reichtum.

Eines Abends klopfte unerwartet ein müder Wanderer an die Tür. Die Frau öffnete, vor ihr stand ein Jüngling in einfacher Kleidung.

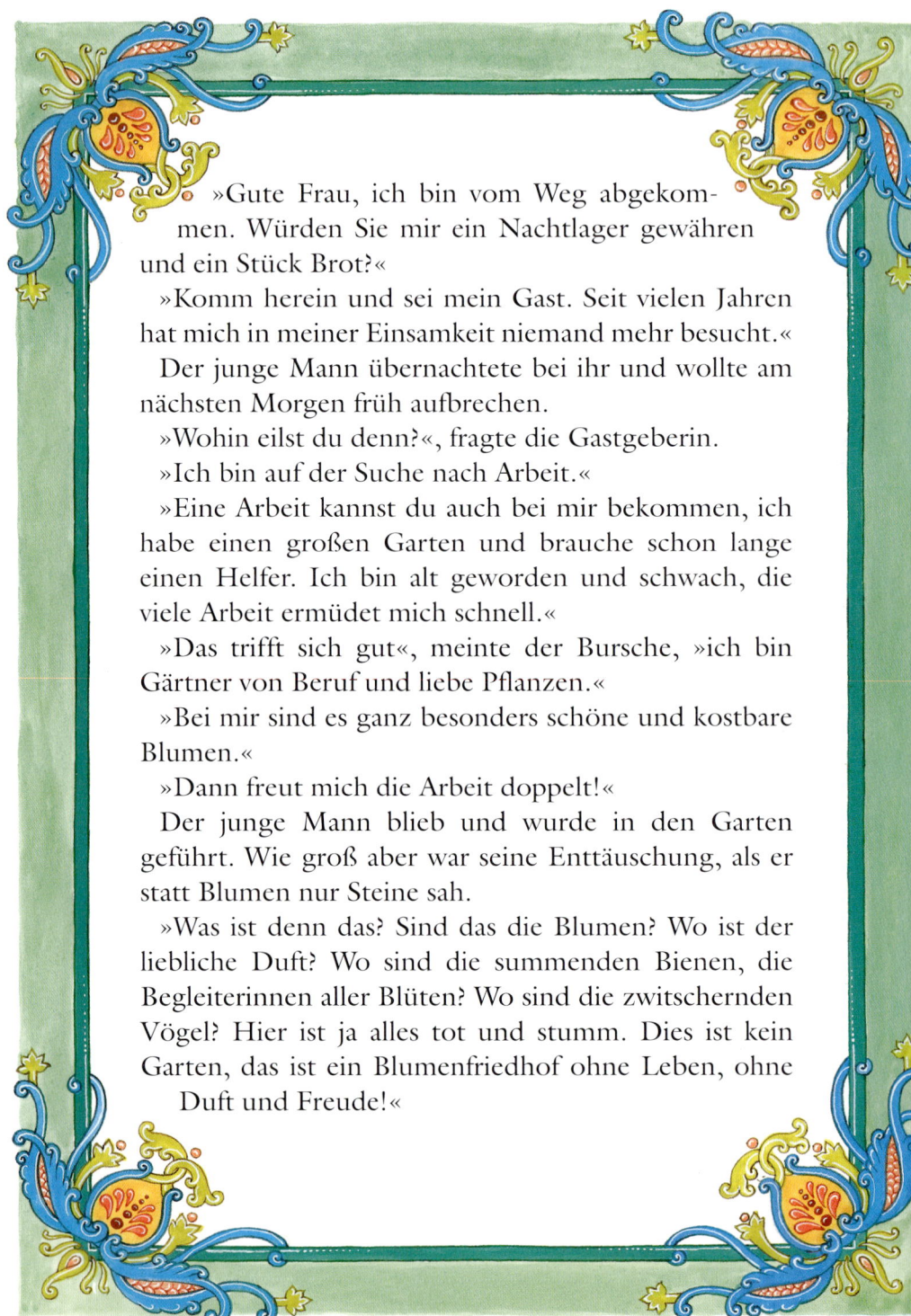

»Gute Frau, ich bin vom Weg abgekommen. Würden Sie mir ein Nachtlager gewähren und ein Stück Brot?«

»Komm herein und sei mein Gast. Seit vielen Jahren hat mich in meiner Einsamkeit niemand mehr besucht.«

Der junge Mann übernachtete bei ihr und wollte am nächsten Morgen früh aufbrechen.

»Wohin eilst du denn?«, fragte die Gastgeberin.

»Ich bin auf der Suche nach Arbeit.«

»Eine Arbeit kannst du auch bei mir bekommen, ich habe einen großen Garten und brauche schon lange einen Helfer. Ich bin alt geworden und schwach, die viele Arbeit ermüdet mich schnell.«

»Das trifft sich gut«, meinte der Bursche, »ich bin Gärtner von Beruf und liebe Pflanzen.«

»Bei mir sind es ganz besonders schöne und kostbare Blumen.«

»Dann freut mich die Arbeit doppelt!«

Der junge Mann blieb und wurde in den Garten geführt. Wie groß aber war seine Enttäuschung, als er statt Blumen nur Steine sah.

»Was ist denn das? Sind das die Blumen? Wo ist der liebliche Duft? Wo sind die summenden Bienen, die Begleiterinnen aller Blüten? Wo sind die zwitschernden Vögel? Hier ist ja alles tot und stumm. Dies ist kein Garten, das ist ein Blumenfriedhof ohne Leben, ohne Duft und Freude!«

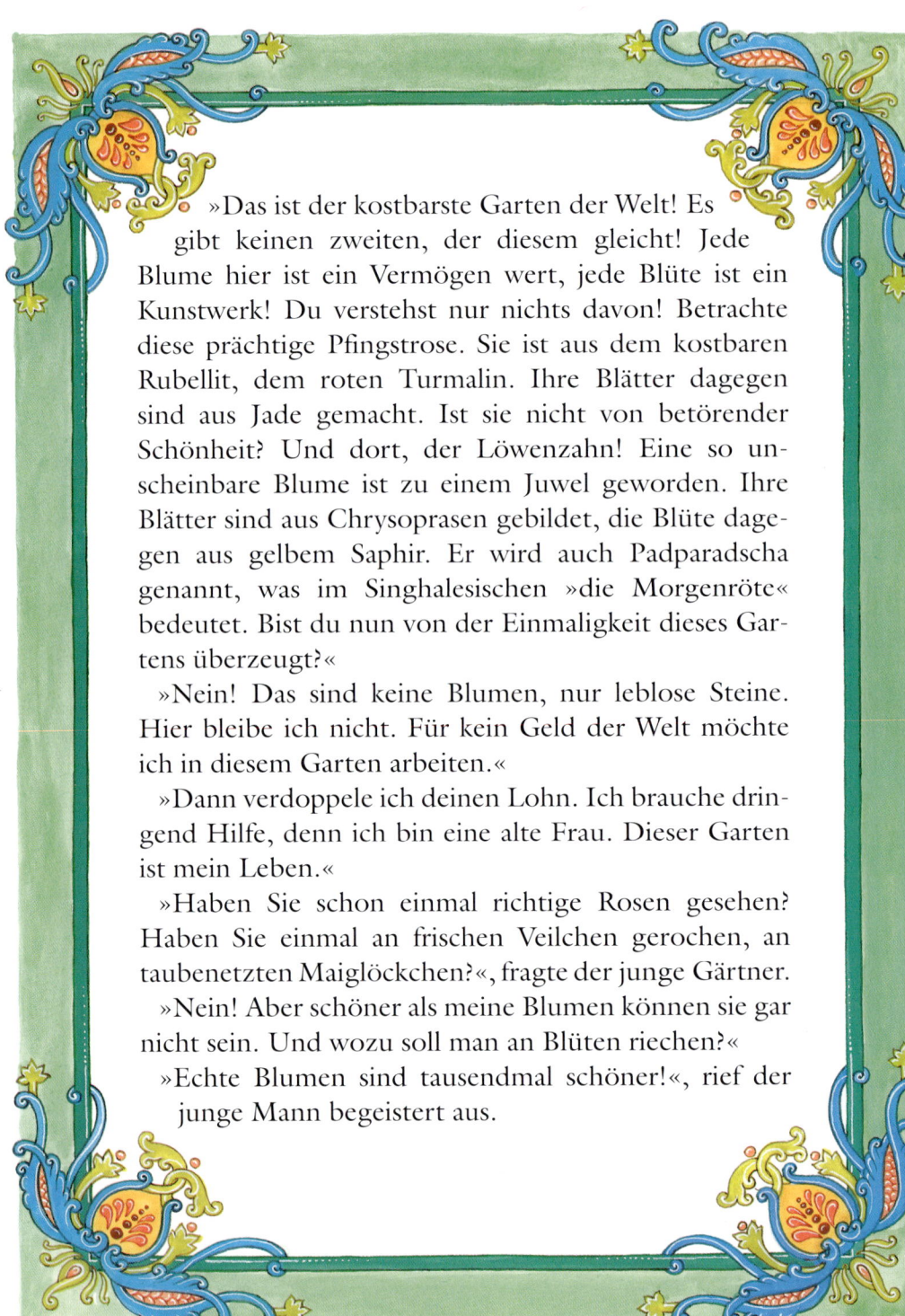

»Das ist der kostbarste Garten der Welt! Es
gibt keinen zweiten, der diesem gleicht! Jede
Blume hier ist ein Vermögen wert, jede Blüte ist ein
Kunstwerk! Du verstehst nur nichts davon! Betrachte
diese prächtige Pfingstrose. Sie ist aus dem kostbaren
Rubellit, dem roten Turmalin. Ihre Blätter dagegen
sind aus Jade gemacht. Ist sie nicht von betörender
Schönheit? Und dort, der Löwenzahn! Eine so un-
scheinbare Blume ist zu einem Juwel geworden. Ihre
Blätter sind aus Chrysoprasen gebildet, die Blüte dagegen aus gelbem Saphir. Er wird auch Padparadscha
genannt, was im Singhalesischen »die Morgenröte«
bedeutet. Bist du nun von der Einmaligkeit dieses Gar-
tens überzeugt?«

»Nein! Das sind keine Blumen, nur leblose Steine.
Hier bleibe ich nicht. Für kein Geld der Welt möchte
ich in diesem Garten arbeiten.«

»Dann verdoppele ich deinen Lohn. Ich brauche drin-
gend Hilfe, denn ich bin eine alte Frau. Dieser Garten
ist mein Leben.«

»Haben Sie schon einmal richtige Rosen gesehen?
Haben Sie einmal an frischen Veilchen gerochen, an
taubenetzten Maiglöckchen?«, fragte der junge Gärtner.

»Nein! Aber schöner als meine Blumen können sie gar
nicht sein. Und wozu soll man an Blüten riechen?«

»Echte Blumen sind tausendmal schöner!«, rief der
junge Mann begeistert aus.

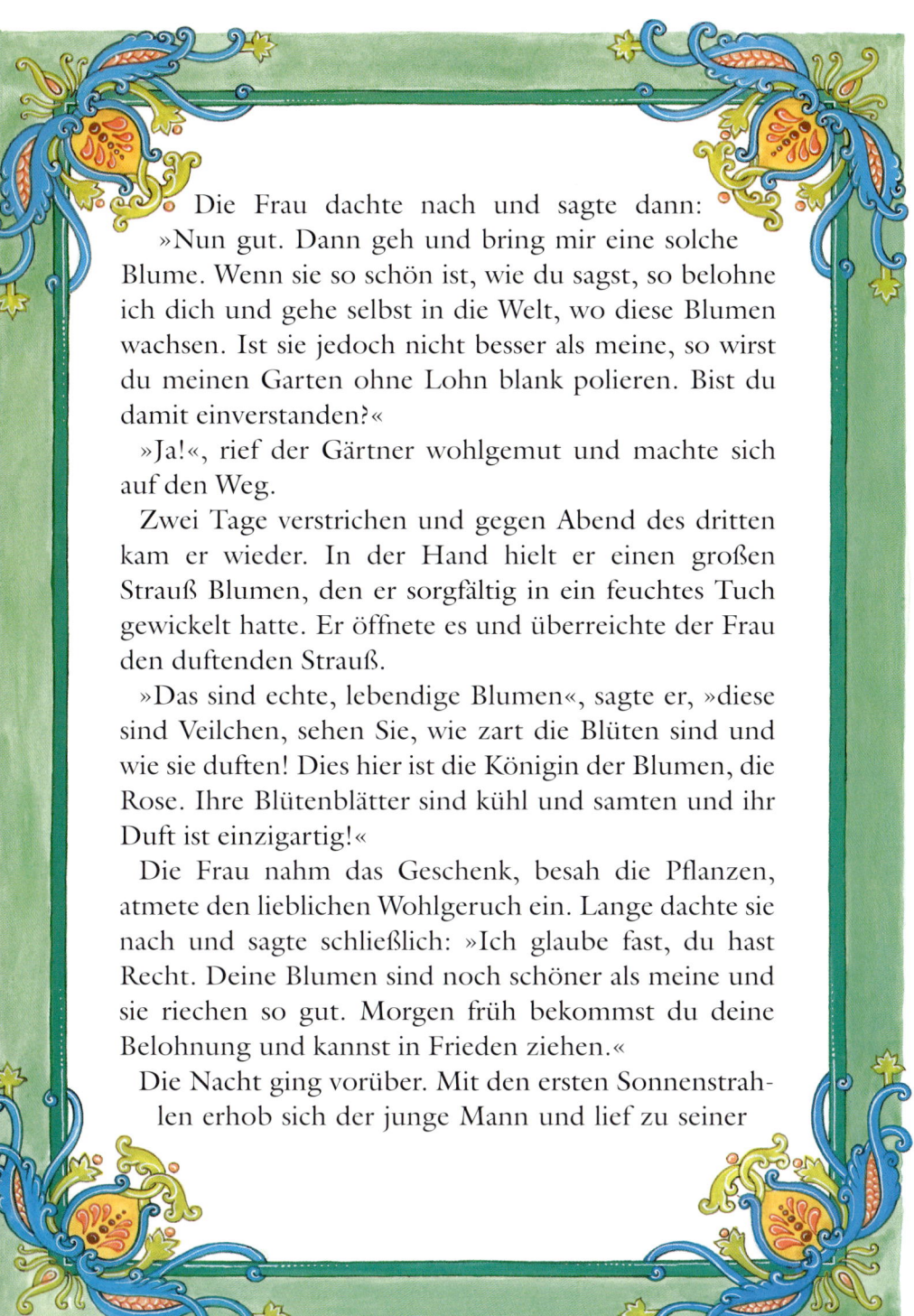

Die Frau dachte nach und sagte dann:

»Nun gut. Dann geh und bring mir eine solche Blume. Wenn sie so schön ist, wie du sagst, so belohne ich dich und gehe selbst in die Welt, wo diese Blumen wachsen. Ist sie jedoch nicht besser als meine, so wirst du meinen Garten ohne Lohn blank polieren. Bist du damit einverstanden?«

»Ja!«, rief der Gärtner wohlgemut und machte sich auf den Weg.

Zwei Tage verstrichen und gegen Abend des dritten kam er wieder. In der Hand hielt er einen großen Strauß Blumen, den er sorgfältig in ein feuchtes Tuch gewickelt hatte. Er öffnete es und überreichte der Frau den duftenden Strauß.

»Das sind echte, lebendige Blumen«, sagte er, »diese sind Veilchen, sehen Sie, wie zart die Blüten sind und wie sie duften! Dies hier ist die Königin der Blumen, die Rose. Ihre Blütenblätter sind kühl und samten und ihr Duft ist einzigartig!«

Die Frau nahm das Geschenk, besah die Pflanzen, atmete den lieblichen Wohlgeruch ein. Lange dachte sie nach und sagte schließlich: »Ich glaube fast, du hast Recht. Deine Blumen sind noch schöner als meine und sie riechen so gut. Morgen früh bekommst du deine Belohnung und kannst in Frieden ziehen.«

Die Nacht ging vorüber. Mit den ersten Sonnenstrahlen erhob sich der junge Mann und lief zu seiner

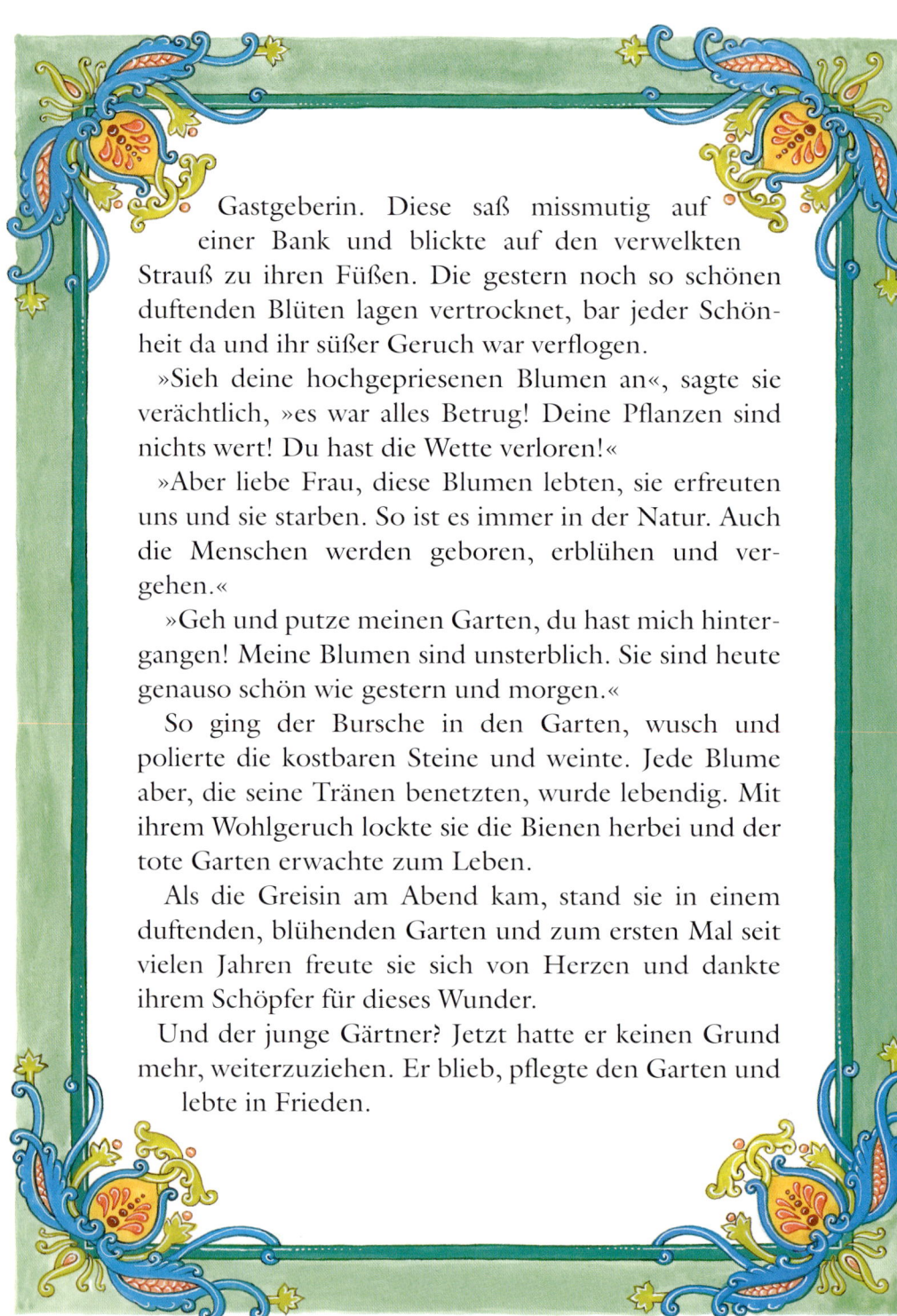

Gastgeberin. Diese saß missmutig auf einer Bank und blickte auf den verwelkten Strauß zu ihren Füßen. Die gestern noch so schönen duftenden Blüten lagen vertrocknet, bar jeder Schönheit da und ihr süßer Geruch war verflogen.

»Sieh deine hochgepriesenen Blumen an«, sagte sie verächtlich, »es war alles Betrug! Deine Pflanzen sind nichts wert! Du hast die Wette verloren!«

»Aber liebe Frau, diese Blumen lebten, sie erfreuten uns und sie starben. So ist es immer in der Natur. Auch die Menschen werden geboren, erblühen und vergehen.«

»Geh und putze meinen Garten, du hast mich hintergangen! Meine Blumen sind unsterblich. Sie sind heute genauso schön wie gestern und morgen.«

So ging der Bursche in den Garten, wusch und polierte die kostbaren Steine und weinte. Jede Blume aber, die seine Tränen benetzten, wurde lebendig. Mit ihrem Wohlgeruch lockte sie die Bienen herbei und der tote Garten erwachte zum Leben.

Als die Greisin am Abend kam, stand sie in einem duftenden, blühenden Garten und zum ersten Mal seit vielen Jahren freute sie sich von Herzen und dankte ihrem Schöpfer für dieses Wunder.

Und der junge Gärtner? Jetzt hatte er keinen Grund mehr, weiterzuziehen. Er blieb, pflegte den Garten und lebte in Frieden.

»Was für ein seltsamer Gedanke, einen Garten aus Steinen zu gestalten und mit diesen leblosen Blumen zu füllen! Keine meiner Feen würde sich darin wohl fühlen oder gar leben können. Die Steine sind hart, kalt, haben keinen süßen Nektar und keinen belebenden Duft!«, rief Muramis Frau aus.

»Aber ein solcher Garten zeugt von der hohen Kunst der Steinschleifer. Es ist Kunst in höchster Vollendung, jede Blume, jedes Blatt, jeden Halm so echt darzustellen, so lebensnah nachzumachen. Kein Mensch auf der Erde, und sei er noch so begabt, wäre dazu fähig.«

»Ich bin froh, dass dieser junge Gärtner die Steine in natürliche Pflanzen verwandelt hat. Jetzt lebt der Garten, er atmet, erblüht, duftet und vergeht.«

»Aber dafür vernichtete er die hervorragende Arbeit meiner Meister und das stimmt mich traurig«, meinte Murami.

»Kannst du dich an noch etwas anderes erinnern? Dann erzähle mir, bitte!«

Murami schmunzelte und begann.

47

Die Kostbaren Augen

In einem fernen Land lebte einst ein mächtiger, grausamer König, den alle fürchteten. Eine seltsame Gabe, gepaart mit einer großen Leidenschaft nannte er sein Eigen. Er vermochte die Augen eines lebendigen Wesens in Stein zu verwandeln. Dies war die Gabe. Die Leidenschaft bestand darin, dass der König edle Steine über alles liebte und begehrte.

Aber seine Fähigkeit, Augen in Edelsteine zu verzaubern, war beschränkt und mehr oder weniger an die Eigenschaften der Augen seiner Opfer gebunden. So gelang es ihm zwar, die Umwandlung selbst herbeizuführen, aber die Farbe, die Reinheit und den Glanz konnte er nur unbedeutend beeinflussen. Aus grauen oder blauen Augen vermochte er keine

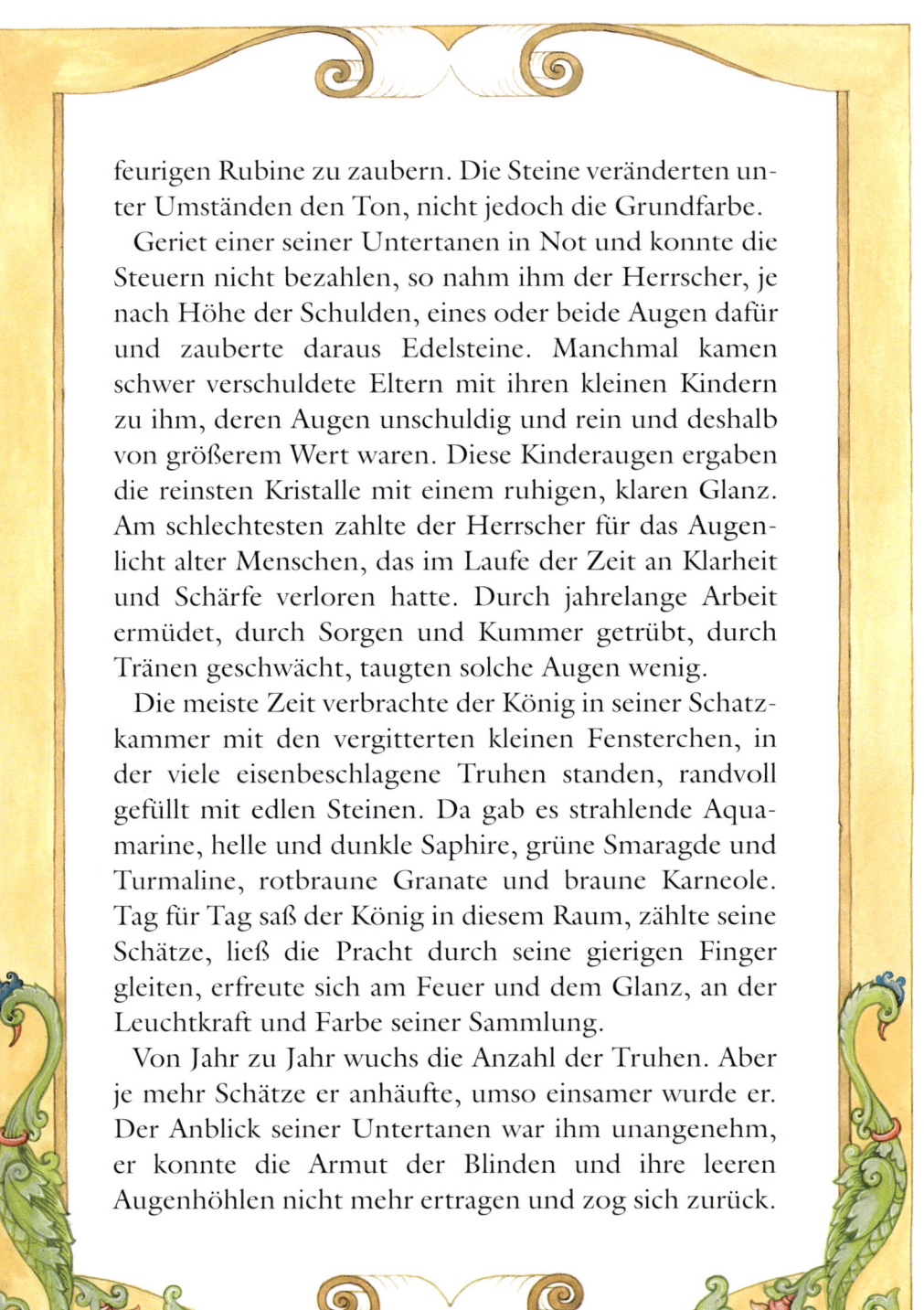

feurigen Rubine zu zaubern. Die Steine veränderten unter Umständen den Ton, nicht jedoch die Grundfarbe.

Geriet einer seiner Untertanen in Not und konnte die Steuern nicht bezahlen, so nahm ihm der Herrscher, je nach Höhe der Schulden, eines oder beide Augen dafür und zauberte daraus Edelsteine. Manchmal kamen schwer verschuldete Eltern mit ihren kleinen Kindern zu ihm, deren Augen unschuldig und rein und deshalb von größerem Wert waren. Diese Kinderaugen ergaben die reinsten Kristalle mit einem ruhigen, klaren Glanz. Am schlechtesten zahlte der Herrscher für das Augenlicht alter Menschen, das im Laufe der Zeit an Klarheit und Schärfe verloren hatte. Durch jahrelange Arbeit ermüdet, durch Sorgen und Kummer getrübt, durch Tränen geschwächt, taugten solche Augen wenig.

Die meiste Zeit verbrachte der König in seiner Schatzkammer mit den vergitterten kleinen Fensterchen, in der viele eisenbeschlagene Truhen standen, randvoll gefüllt mit edlen Steinen. Da gab es strahlende Aquamarine, helle und dunkle Saphire, grüne Smaragde und Turmaline, rotbraune Granate und braune Karneole. Tag für Tag saß der König in diesem Raum, zählte seine Schätze, ließ die Pracht durch seine gierigen Finger gleiten, erfreute sich am Feuer und dem Glanz, an der Leuchtkraft und Farbe seiner Sammlung.

Von Jahr zu Jahr wuchs die Anzahl der Truhen. Aber je mehr Schätze er anhäufte, umso einsamer wurde er. Der Anblick seiner Untertanen war ihm unangenehm, er konnte die Armut der Blinden und ihre leeren Augenhöhlen nicht mehr ertragen und zog sich zurück.

Jahre gingen vorüber, der Herrscher sehnte sich nach einer Lebensgefährtin, nach einer Familie, nach Kindern. Er beschloss zu heiraten und sandte seine Boten an die benachbarten Königshöfe, um die schönste Prinzessin zu finden.

Der schlechte Ruf des Königs war jedoch schneller als seine Boten und keine der edlen Damen war bereit, ihn zum Gemahl zu nehmen. Alle flohen entsetzt, sobald sie nur seinen Namen hörten.

Da der König auf diese Weise keine Frau für sich gewinnen konnte, versuchte er sein Glück beim einfachen Volk. Kaum hatten die Eltern heiratsfähiger Mädchen davon erfahren, als sie auch schon ihre Töchter versteckten oder außer Landes schickten. Trotz seines Reichtums, trotz seiner Jugend und seiner edlen Gestalt mieden alle den König.

Eines Tages veranstaltete der Herrscher eine Jagd, um sich zu zerstreuen. Den ganzen Tag ritt er mit seinen Getreuen umher und schoss das Wild, das ihm vor den Gewehrlauf kam. Schon neigte sich der Tag dem Ende zu, da erblickte er eine weiße Hirschkuh, die auf einer Lichtung weidete. Sein Ross spürte die Sporen und setzte dem seltenen Tier nach. Über Berg und Tal ging die Verfolgungsjagd, dann verschwand die Hirschkuh im Dickicht und der König stand alleine da. Immer schwächer war das Jagdhorn zu vernehmen und verstummte bald ganz.

Die Gegend war fremd und finster, große Steinbrocken lagen herum und die Bäume waren so hoch, dass man die Spitzen kaum noch erkennen konnte.

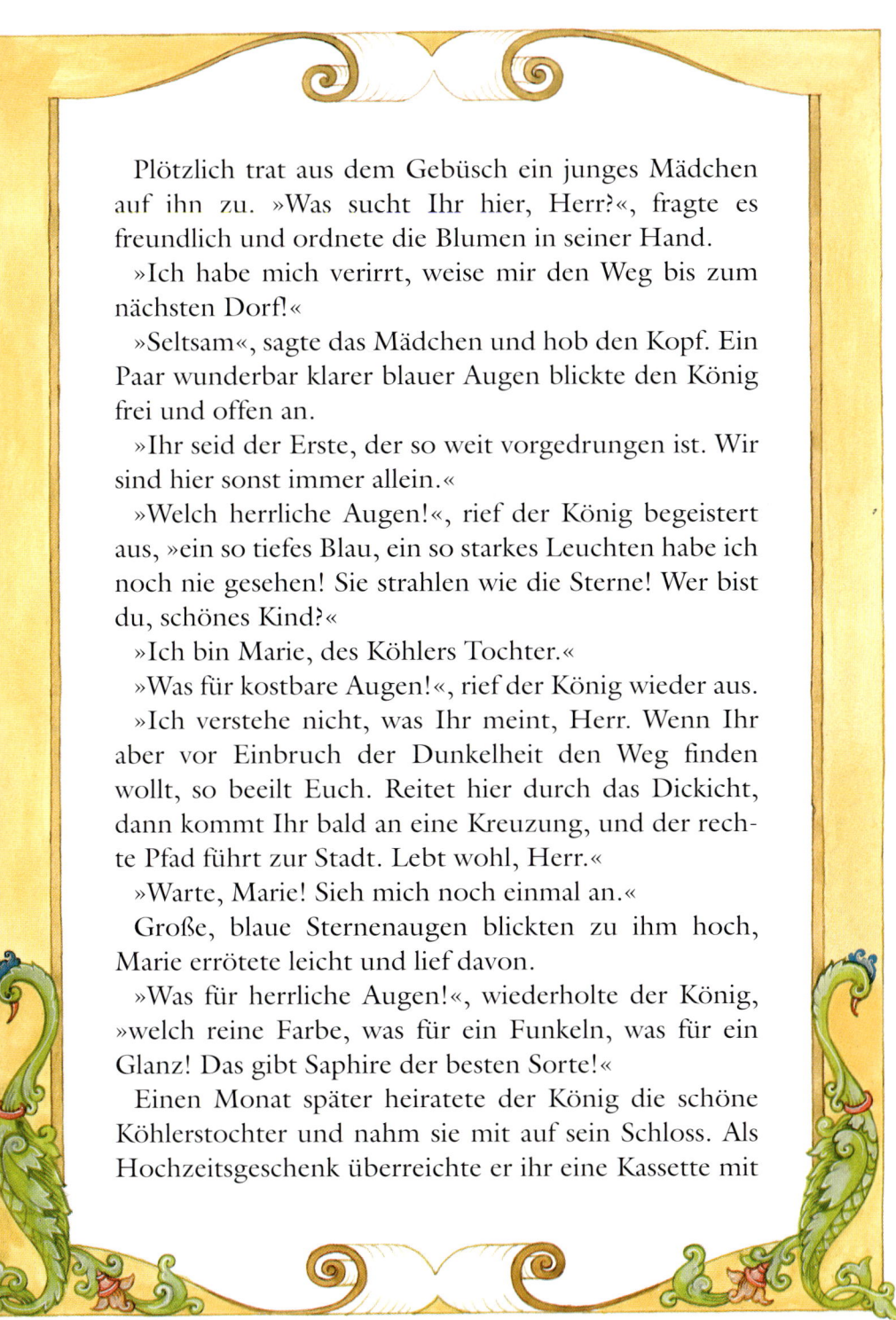

Plötzlich trat aus dem Gebüsch ein junges Mädchen auf ihn zu. »Was sucht Ihr hier, Herr?«, fragte es freundlich und ordnete die Blumen in seiner Hand.

»Ich habe mich verirrt, weise mir den Weg bis zum nächsten Dorf!«

»Seltsam«, sagte das Mädchen und hob den Kopf. Ein Paar wunderbar klarer blauer Augen blickte den König frei und offen an.

»Ihr seid der Erste, der so weit vorgedrungen ist. Wir sind hier sonst immer allein.«

»Welch herrliche Augen!«, rief der König begeistert aus, »ein so tiefes Blau, ein so starkes Leuchten habe ich noch nie gesehen! Sie strahlen wie die Sterne! Wer bist du, schönes Kind?«

»Ich bin Marie, des Köhlers Tochter.«

»Was für kostbare Augen!«, rief der König wieder aus.

»Ich verstehe nicht, was Ihr meint, Herr. Wenn Ihr aber vor Einbruch der Dunkelheit den Weg finden wollt, so beeilt Euch. Reitet hier durch das Dickicht, dann kommt Ihr bald an eine Kreuzung, und der rechte Pfad führt zur Stadt. Lebt wohl, Herr.«

»Warte, Marie! Sieh mich noch einmal an.«

Große, blaue Sternenaugen blickten zu ihm hoch, Marie errötete leicht und lief davon.

»Was für herrliche Augen!«, wiederholte der König, »welch reine Farbe, was für ein Funkeln, was für ein Glanz! Das gibt Saphire der besten Sorte!«

Einen Monat später heiratete der König die schöne Köhlerstochter und nahm sie mit auf sein Schloss. Als Hochzeitsgeschenk überreichte er ihr eine Kassette mit selten kostbarem Schmuck. Marie war begeistert und betrachtete die vielen Ringe, Ketten, Armbänder, Ohrgehänge mit Freude und Bewunderung. An der Hochzeitstafel trug sie ein Kollier aus geschliffenen Saphiren, die so blau waren wie ihre Augen.

Während der Mahlzeit beschlich sie ein banges Gefühl. Die Kette lastete schwer auf ihrem Hals. Wiederholt strich Marie mit der Hand darüber und jedes Mal waren ihre Finger feucht.

»Was ist denn das?«, fragte sie sich, »warum ist dieses Schmuckstück so nass?«

Sie nahm das Kleinod ab und hielt es gegen das Licht. Da sah sie verwundert, dass Tropfen davon herabfielen, warm und klar wie Tränen.

»Sieh doch, mein Gemahl, diese Kette weint. Wie können so herrliche Steine weinen? Sie sind doch zur Freude der Menschen geschaffen worden. »Unsinn!«, rief der König ungehalten, »wirf sie weg und nimm dir eine andere!«

Marie gehorchte, aber welches Stück sie auch heraussuchte, jedes weinte, von jedem Stein tropften heiße Tränen. Nachdenklich und traurig packte sie die ganzen Geschenke zusammen und verschloss die Kassette.

Ein Jahr ging vorüber und Marie gebar zwei kräftige, gesunde Knaben. Alles an ihnen war vollkommen: die wohlgeformten Glieder, die edlen Gesichtszüge, das helle lockige Haar und die Augen, die glänzend und leuchtend waren und so rein in der Farbe, dass der König ganz entzückt war. Die Kinder wuchsen heran und es stellte sich bald heraus, dass ihre herrlichen

Augen nichts anderes waren als kostbare Edelsteine. Beide Knaben waren blind und litten große Schmerzen. Jetzt vergoss die arme Königin viele bittere Tränen und Leid zog in das prächtige Schloss ein.

Es verging noch ein Jahr und wieder schenkte die Königin einem Zwillingspaar das Leben. Dieses Mal waren es zwei reizende Mädchen mit saphirblauen Sternenaugen, die so schön waren, dass die Menschen sprachlos stehen blieben, wenn sie sie erblickten. Aber als sich herausstellte, dass auch diese Kinder blind waren, kannte die Verzweiflung der armen Mutter keine Grenzen mehr.

»Ich kann es nicht ertragen!«, klagte sie händeringend, »wenn meine Kinder diese Welt nicht sehen können, wenn sie verurteilt sind, in ewiger Finsternis zu leben und niemals eine Blume, einen Baum, den Himmel und die Sonne erblicken, dann will auch ich diese Welt nicht mehr sehen.«

»Warte, Marie«, sagte da der König, »warte! Ich glaube, es gibt doch noch eine kleine Hoffnung. In meiner Verblendung habe ich schwer gesündigt und dieses Leid heraufbeschworen. Am Tage unserer Hochzeit hast du dich nicht getäuscht, Marie, es waren tatsächlich Tränen auf den Steinen, denn jeder dieser Steine war aus einem menschlichen Auge gemacht. Aus den Augen meiner Untertanen. Jetzt werde ich versuchen, meine Schuld zu sühnen.«

Der König ließ seine Schatzkammer öffnen und im ganzen Land ausrufen, dass jeder seine Augen wieder abholen könne.

Das war eine Freudenbotschaft! Die Blinden kamen in Scharen herbei. Sie wurden in die Schatzkammer geführt. Jeder griff dort nach einem Stein, schob ihn in die leere Augenhöhle und wurde sehend. Jubel erscholl im ganzen Land. Die Menschen waren glücklich und segneten den Herrscher.

Als der letzte Edelstein verteilt und die Schatztruhen leer waren, atmete der König erleichtert auf. Er begab sich in die Gemächer seiner Kinder. »Mein Gemahl«, rief ihm die Königin entgegen, »ein Wunder ist geschehen! Unsere Kinder können sehen.«

Der König näherte sich den Kleinen und diese hoben die Köpfchen. Aus großen Augen blickten sie ihn verwundert an. Jetzt waren es keine funkelnden Steine mehr, sondern die unschuldigen, vertrauensvollen Augen seiner Kinder. Und der grausame König verstand, dass dies viel wertvoller war als alle Schätze auf der Welt.

Hinfort regierte er weise und gütig sein Land. Er sammelte keine Reichtümer mehr, dafür aber sorgte er vorbildlich für seine Untertanen und seine Familie.

DER GOLDTOPAS

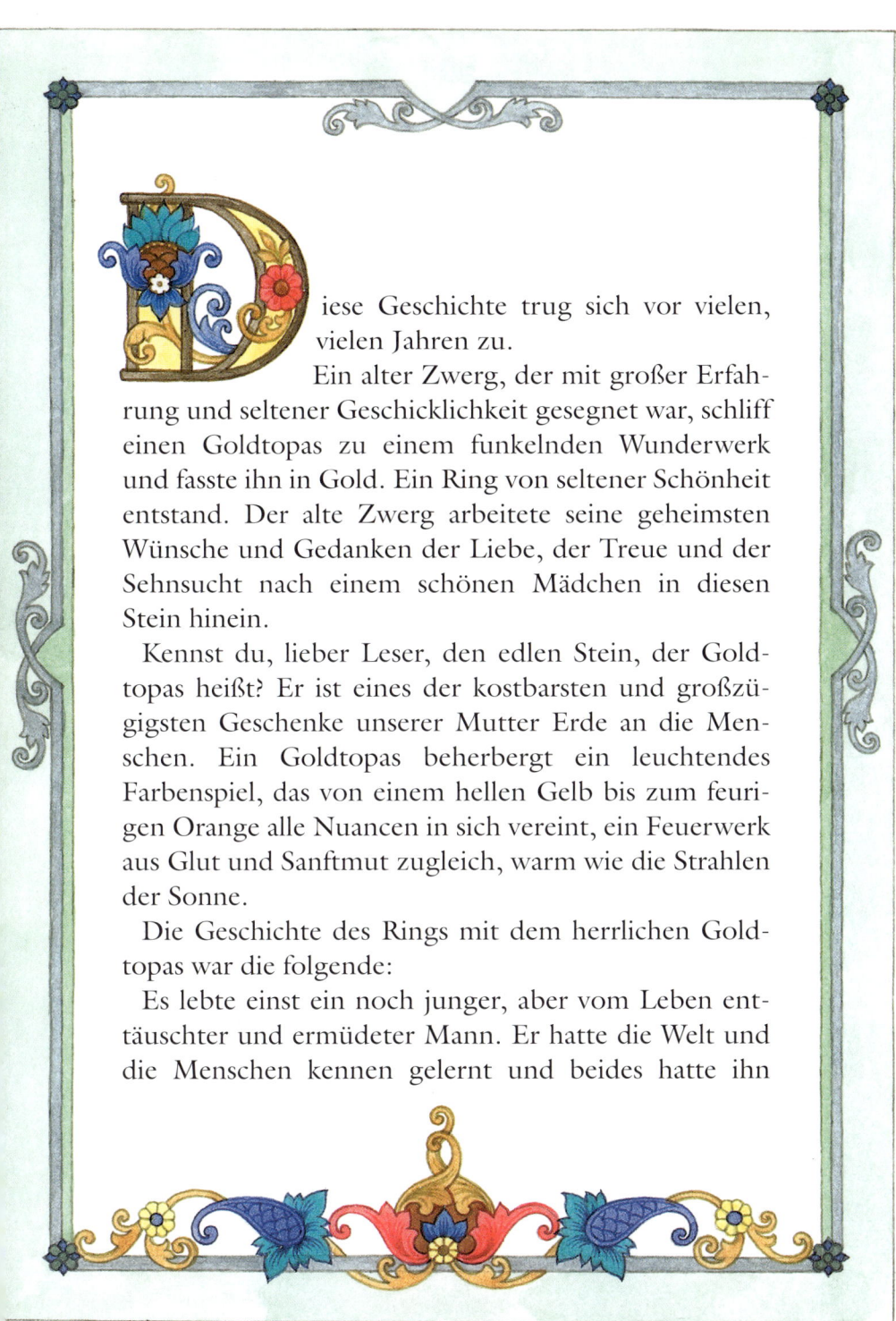

Diese Geschichte trug sich vor vielen, vielen Jahren zu.

Ein alter Zwerg, der mit großer Erfahrung und seltener Geschicklichkeit gesegnet war, schliff einen Goldtopas zu einem funkelnden Wunderwerk und fasste ihn in Gold. Ein Ring von seltener Schönheit entstand. Der alte Zwerg arbeitete seine geheimsten Wünsche und Gedanken der Liebe, der Treue und der Sehnsucht nach einem schönen Mädchen in diesen Stein hinein.

Kennst du, lieber Leser, den edlen Stein, der Goldtopas heißt? Er ist eines der kostbarsten und großzügigsten Geschenke unserer Mutter Erde an die Menschen. Ein Goldtopas beherbergt ein leuchtendes Farbenspiel, das von einem hellen Gelb bis zum feurigen Orange alle Nuancen in sich vereint, ein Feuerwerk aus Glut und Sanftmut zugleich, warm wie die Strahlen der Sonne.

Die Geschichte des Rings mit dem herrlichen Goldtopas war die folgende:

Es lebte einst ein noch junger, aber vom Leben enttäuschter und ermüdeter Mann. Er hatte die Welt und die Menschen kennen gelernt und beides hatte ihn

abgestoßen und angewidert. Die Menschen, mit denen er zu tun hatte, waren selbstsüchtig, habgierig und heuchlerisch. Sie dachten nur an sich und an den eigenen Vorteil.

So kehrte der junge Mann dieser Welt den Rücken und ging in die Einsamkeit. Er zog sich zurück, lebte in einem prachtvollen, einsamen Hause voller Bücher, umsorgt von einer alten Magd, die schon bei seinen Eltern gedient hatte.

Er verschenkte seine gute Kleidung, verschloss den Schmuck. Nur einen Ring behielt er, und das war der klare, feingeschliffene Goldtopas seiner Mutter, ein leuchtendes Kleinod von erstaunlicher Schönheit.

Oft saß der junge Mann im großen Studierzimmer, blickte versonnen vor sich hin, betrachtete den Ring und dachte nach. Trostlos waren seine Gedanken. Die Einsamkeit bedrückte ihn und die Abgeschiedenheit lastete schwer und quälend auf ihm.

An diesem Abend war es kühl und im Kamin flackerte ein Feuer. In Gedanken versunken saß der junge Mann im Sessel und blickte auf den gelben, im Kerzenlicht funkelnden Stein. Er wünschte sich leidenschaftlich für kurze Zeit einen aufrichtigen und verständnisvollen Freund herbei, der seine Einsamkeit vertreiben und etwas Abwechslung und Freude in sein eintöniges Dasein bringen würde. Er sehnte sich nach einem geistreichen Gespräch, nach einer angenehmen Unterhaltung.

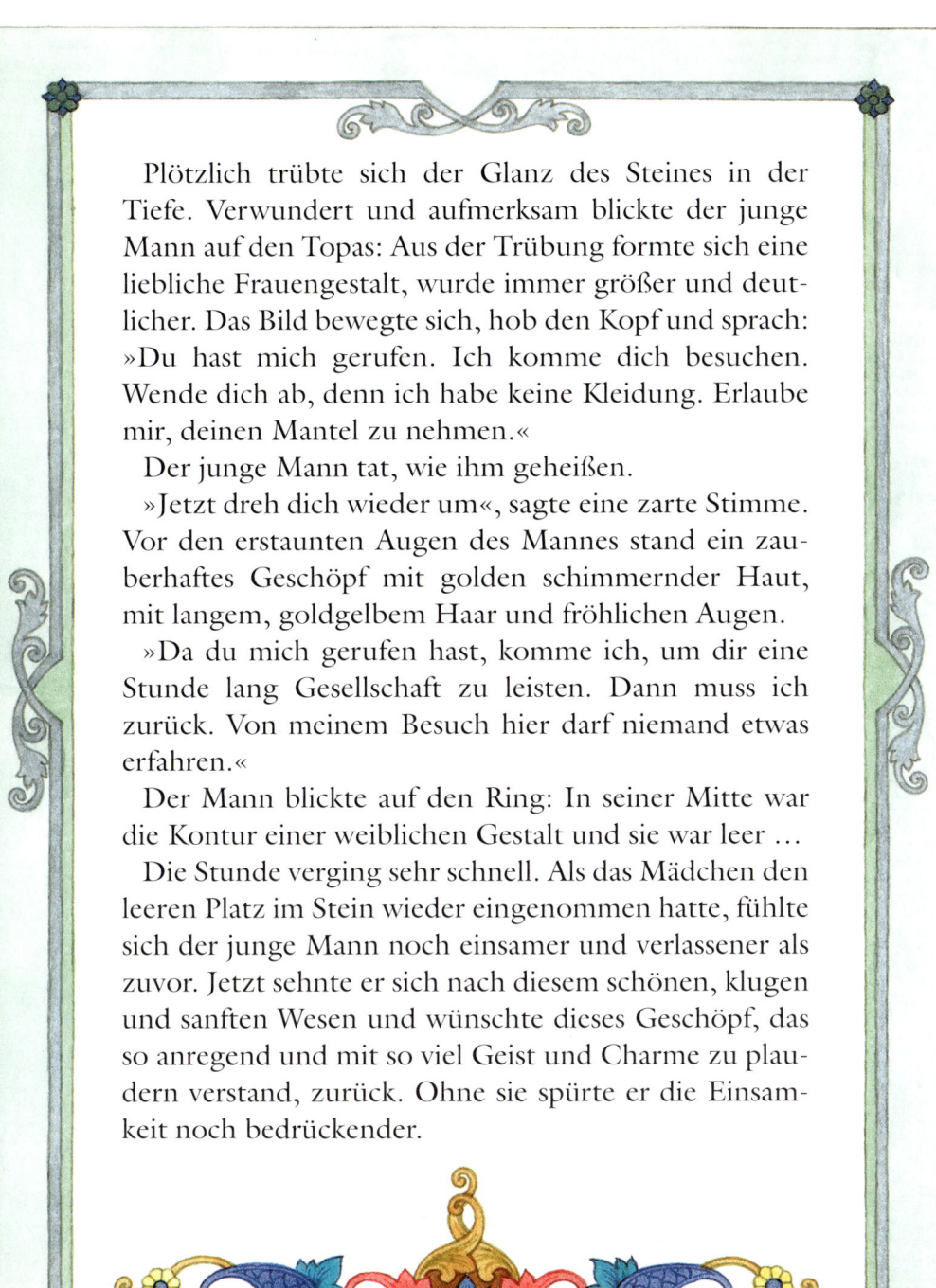

Plötzlich trübte sich der Glanz des Steines in der Tiefe. Verwundert und aufmerksam blickte der junge Mann auf den Topas: Aus der Trübung formte sich eine liebliche Frauengestalt, wurde immer größer und deutlicher. Das Bild bewegte sich, hob den Kopf und sprach: »Du hast mich gerufen. Ich komme dich besuchen. Wende dich ab, denn ich habe keine Kleidung. Erlaube mir, deinen Mantel zu nehmen.«

Der junge Mann tat, wie ihm geheißen.

»Jetzt dreh dich wieder um«, sagte eine zarte Stimme. Vor den erstaunten Augen des Mannes stand ein zauberhaftes Geschöpf mit golden schimmernder Haut, mit langem, goldgelbem Haar und fröhlichen Augen.

»Da du mich gerufen hast, komme ich, um dir eine Stunde lang Gesellschaft zu leisten. Dann muss ich zurück. Von meinem Besuch hier darf niemand etwas erfahren.«

Der Mann blickte auf den Ring: In seiner Mitte war die Kontur einer weiblichen Gestalt und sie war leer …

Die Stunde verging sehr schnell. Als das Mädchen den leeren Platz im Stein wieder eingenommen hatte, fühlte sich der junge Mann noch einsamer und verlassener als zuvor. Jetzt sehnte er sich nach diesem schönen, klugen und sanften Wesen und wünschte dieses Geschöpf, das so anregend und mit so viel Geist und Charme zu plaudern verstand, zurück. Ohne sie spürte er die Einsamkeit noch bedrückender.

Am nächsten Morgen eilte er in die Stadt, kaufte die feinsten Stoffe aus Seide, Samt und Brokat, die ausgesuchtesten Speisen und die köstlichsten Früchte. Zu Hause angekommen, bestellte er ein Festessen bei der Magd und holte den alten Schmuck seiner Mutter wieder hervor.

Mit Ungeduld zählte er die Stunden. Der Abend kam. Der junge Mann verschloss die Tür, setzte sich zu Tisch und rief in Gedanken das Mädchen zu sich.

Wieder trübte sich der Stein und wie am Abend zuvor kam das zauberhafte Wesen, um ihm Gesellschaft zu leisten. Der Mann schloss die Augen und wartete, bis das Mädchen um ein Kleidungsstück bat.

»Auf dem Diwan liegen Kleider und Stoffe für dich, daneben steht eine Schatulle mit Schmuck. Das alles gehört dir. Schmücke dich, kleide dich an!«

Gehüllt in kostbare Stoffe sah die Fremde noch schöner aus. Wie verzaubert blickte er sie an und vermochte nichts zu sagen. Die Stunde verstrich.

»Ich muss gehen«, sagte sie schließlich und legte den Schmuck ab.

»Bleib noch einen Augenblick«, bat er.

»Ich darf nicht.«

»Wie kann ich dich für immer bei mir behalten?«, fragte der junge Mann.

»Das kannst du nicht, das kann niemand. Ich bin durch einen Zauber für ewige Zeiten an den Stein

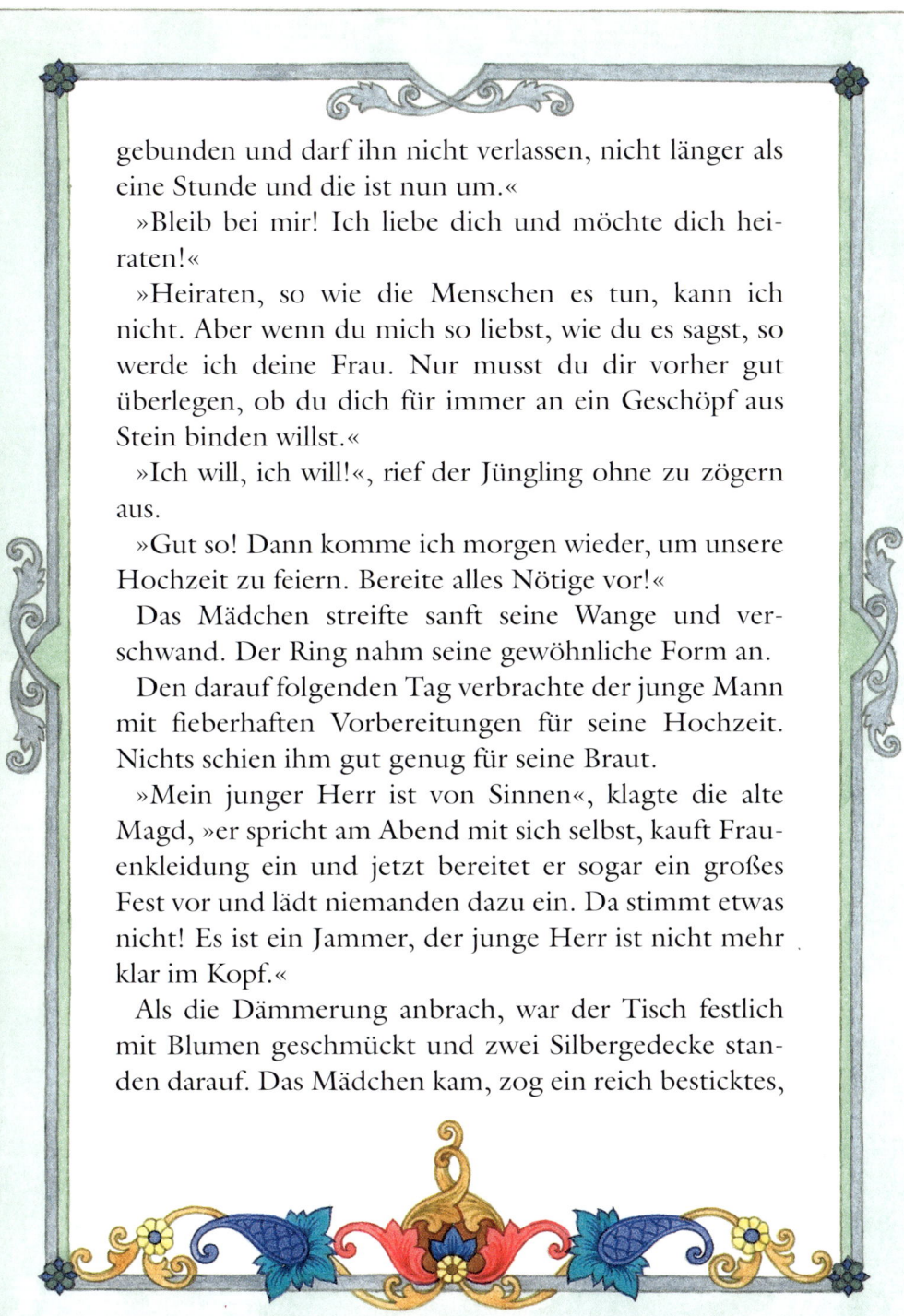

gebunden und darf ihn nicht verlassen, nicht länger als eine Stunde und die ist nun um.«

»Bleib bei mir! Ich liebe dich und möchte dich heiraten!«

»Heiraten, so wie die Menschen es tun, kann ich nicht. Aber wenn du mich so liebst, wie du es sagst, so werde ich deine Frau. Nur musst du dir vorher gut überlegen, ob du dich für immer an ein Geschöpf aus Stein binden willst.«

»Ich will, ich will!«, rief der Jüngling ohne zu zögern aus.

»Gut so! Dann komme ich morgen wieder, um unsere Hochzeit zu feiern. Bereite alles Nötige vor!«

Das Mädchen streifte sanft seine Wange und verschwand. Der Ring nahm seine gewöhnliche Form an.

Den darauf folgenden Tag verbrachte der junge Mann mit fieberhaften Vorbereitungen für seine Hochzeit. Nichts schien ihm gut genug für seine Braut.

»Mein junger Herr ist von Sinnen«, klagte die alte Magd, »er spricht am Abend mit sich selbst, kauft Frauenkleidung ein und jetzt bereitet er sogar ein großes Fest vor und lädt niemanden dazu ein. Da stimmt etwas nicht! Es ist ein Jammer, der junge Herr ist nicht mehr klar im Kopf.«

Als die Dämmerung anbrach, war der Tisch festlich mit Blumen geschmückt und zwei Silbergedecke standen darauf. Das Mädchen kam, zog ein reich besticktes,

weißes Kleid an, empfing aus der Hand des Mannes den Ehering und setzte sich zu Tisch.

»Stoßen wir auf unser Eheglück an!«, schlug der verliebte Bräutigam vor.

Das taten sie, dann speisten sie gemeinsam, lachten und waren sehr glücklich.

Von dem Tag an erschien die junge Frau jeden Abend für eine Stunde im Studierzimmer und das war die glücklichste Stunde des Tages für beide. So ging ein Jahr vorüber.

Eines Abends sagte die junge Frau beim Abschied: »Lieber Gemahl, ich kann jetzt eine Woche lang nicht kommen. Warte auf mich und vergiss mich nicht!«

Diese Woche erschien dem Mann wie eine Ewigkeit. Jeden Abend saß er da, betrachtete den Ring an seinem Finger und rief seine Frau zu sich. Der Stein trübte sich einige Male, aber sie kam nicht.

Endlich waren sieben Tage vorüber und die Ersehnte erschien. Sie brachte einen kleinen Knaben mit, ein winziges Geschöpf, genau so golden und schön wie die Mutter.

»Dies ist dein Sohn! Nimm ihn, taufe ihn nach eurem Brauch und erziehe ihn gut. Ich werde täglich eine Stunde mit euch verbringen.«

Das ganze Leben des Mannes veränderte sich. Jetzt hatte er endlich nicht nur den Sinn seines Lebens gefunden, er übernahm auch Verantwortung.

Die alte Magd hörte Kindergeschrei und eilte herbei. Vor ihr stand ihr Herr mit einem kleinen Knaben im Arm.

»Hier ist mein Sohn. Besorge eine Amme für ihn.«

Nun hielt es die Dienerin nicht mehr aus. Nicht genug, dass ihr Herr Selbstgespräche führte, Feste ohne einen einzigen Gast feierte und andere seltsame Dinge tat, jetzt hatte er auch noch ein Kind ins Haus gebracht. Sie lief zu den Nachbarn, beriet sich lange mit ihnen und schließlich siegte die Neugier: Man beschloss gemeinschaftlich, an der Tür zu lauschen, um zu erfahren, was der Herr eigentlich tat.

An einem der nächsten Abende schien die junge Frau bedrückt. Sie koste ihr Kindchen, weinte öfters und blickte traurig und still vor sich hin. Auch den Mann ergriff eine merkwürdige Unruhe.

»Was ist geschehen? Du bist heute ganz anders als sonst?«

»Heute war ich zum letzten Mal mit euch zusammen«, antwortete sie, »die Menschen haben mich aufgespürt, sie haben mich entdeckt und gesehen. Sie sind auch jetzt ganz nahe. Ich muss euch verlassen und darf nicht wiederkommen.«

Sie weinte bitterlich. Umsonst versuchte ihr Mann, sie zu beruhigen, umsonst bat er sie, ihn und den kleinen Sohn nicht zu verlassen. Es war alles vergebens. Sie ging und kam nicht wieder.

Tage und Wochen verstrichen. In den Abendstunden, in denen die Mutter sonst zu kommen pflegte, weinte das Kind. In traurige Gedanken versunken saß der Mann da und rief vergebens nach seiner Lebensgefährtin. Sie kam nicht. Die Oberfläche des Steines blieb glänzend, klar und kalt. Das goldene, sanfte Wesen, das so viel Wärme und Freude verströmte, war verschwunden.

Der Spätherbst brachte trübe, nasse Abende. Die dürren, entlaubten Zweige, vom Wind bewegt, klopften wie ungebetene Gäste ans Fenster. Unzählige Regentropfen rannen die Glasscheiben entlang wie bittere, trostlose Tränen. Die Einsamkeit und die Sehnsucht des jungen Mannes, der nachdenklich in seinem Studierzimmer saß, erreichten ihren Höhepunkt. Er stand auf, wickelte das schreiende Kind in eine Decke, streifte den ihm jetzt verhasst gewordenen Ring vom Finger, warf ihn ins Feuer und wollte aus dem Zimmer gehen. An der Tür aber hielt ihn die bekannte Stimmte auf: »Wartet doch auf mich! Ich gehe mit euch!«

Mitten im Raum stand die Langersehnte und streckte ihre Arme nach dem Sohn aus. Das Feuer im Kamin war erloschen und der wertvolle Ring mit dem Goldtopas für immer verschwunden.

Die kleine glückliche Familie verließ unbemerkt die Stadt und baute sich gemeinsam ein neues Zuhause in einer unbekannten Gegend auf.

*»*Auch hier gab es wieder Kummer«, sagte die Feen-königin traurig.

»Aber auch hier war das Ende gut. Nur der Stein wurde vernichtet. Aber wenn dich meine Geschichten so aufregen, dann erzähle ich nicht weiter.«

»Noch eine, dann machen wir Schluss.«

»Dann hör dir die Geschichte von einem seltenen Brillanten an.«

Murami überlegte kurz und begann zu erzählen ...

Der Unbezwingbare

ie Zwerge des mächtigen König Murami gruben nach Erz und fanden einen Rohdiamanten. Sie brachten ihn zu ihrem Herrn. Murami besah den leicht bläulichen Stein, ließ seine Härte und Reinheit prüfen und befahl, daraus einen Brillanten zu schleifen.

Das Wort »Diamant« kommt vom griechischen »Adamas« und bedeutet »der Unbezwingbare«. Hart ist der Diamant, der härteste unter allen Mineralien und Metallen. Weiß ist er, kalt, unbezwingbar! Der Diamant ist der Schutzstein der Widder-Geborenen, Symbol der Stärke, der Reinheit, der Gesundheit. Viele heilende Eigenschaften werden ihm zugeschrieben.

Der Rohdiamant wurde dem besten Schleifer unter den Zwergen Muramis zur Bearbeitung übergeben, demjenigen begnadeten Meister, der die Fähigkeit besaß, seine Gedanken und Wünsche in die von ihm hergestellten Schmuckstücke oder Steine einfließen zu lassen.

Ein Brillant ist nicht der Stein selbst, sondern die Bezeichnung für den Rundschliff mit sechsundfünfzig Facetten, die so angeordnet sind, dass sie das einfallende Licht in sein Spektrum zerlegen und in Regenbogenfarben zurückwerfen. Solch ein Meisterwerk schliff der kluge, alte Zwerg. So entstand ein Kleinod von seltener Schönheit, das ganze Kaskaden von gleißendem Licht erzeugte.

In der Einsamkeit seiner Werkstatt während der Arbeit liebkoste und bewunderte der kleine Mann das seltene Mineral. Beim Schleifen einer jeden Facette dachte er an Erhabenes, Großes, Edles. Seine Gedanken flossen in den Stein hinein. So dachte er bei der ersten Facette an Edelmut, bei der zweiten an Selbstlosigkeit, bei der dritten an reine Liebe, bei der vierten an Großmut. So ging es bis zum Schluss. An jeder der geschliffenen Facetten hafteten die Wünsche und Gedanken des alten Meisters. Es waren insgesamt sechsundfünfzig!

Als der Zwerg nach Vollendung seiner Arbeit das funkelnde Wunderwerk besah, war sein letzter Gedanke: »Möge dieser seltene Stein in den Besitz eines würdigen Menschen kommen und in seinen Händen noch mehr Kraft und Feuer entfalten! Bekommt ihn aber ein

schlechter Mensch, so möge der Stein verblassen, erlöschen und trübe werden!«

Und so geschah es auch!

Im Norden Deutschlands liegt verborgen eine bezaubernde Gegend. Sie ist nicht vergleichbar mit der verschwenderischen Pracht des Südens, sie ist anders, ruhiger, bescheidener, strenger und faszinierender zugleich.

Am Ende einer langen Allee steht ein Herrenhaus. Friedvoll ist es hier, fast glaubt man, die Ewigkeit zu hören. Das alte Gebäude ist dreistöckig und von allen Seiten so dicht mit wildem Wein bewachsen, dass die Wände kaum sichtbar sind. Der Wein hat bereits das obere Stockwerk erreicht und Gardinen an den Fenstern überflüssig gemacht. Am Boden, zwischen dem Wein, wachsen rote Rosen. Es sieht so aus, als ob sie in den dichten grünen Teppich hineingeflochten sind. Vor den Fenstern des Frühstückszimmers breitet sich ein wunderschöner Park aus. Von drei Seiten ist er von hohen Bäumen umgeben. Mitten auf dem Rasen plätschert das Wasser aus dem weißen Springbrunnen. Weiter hinten beginnt der Wald. Die Pfade sind kaum zu erkennen, die Nadelbäume hoch, würdevoll und streng. Die Luft riecht würzig nach Harz.

Weit erstreckt sich der Wald, und tief in seinem Innern liegt in einem kleinen Tal ein Waldsee. Die hohen Fichten reichen bis an den Rand des Wassers und bewachen den zauberhaften Weiher. Nur an einer Stelle kommt man an das Wasser heran. Hier verfällt ein altes Badehaus. Auf der Wasseroberfläche wachsen Seerosen. Über allem herrscht majestätische Ruhe.

Es ist lange her … damals lebte in diesem Herrenhaus ein einsamer Gelehrter, ein vornehmer alter Herr. Viele Stunden verbrachte er in der Bibliothek oder im Arbeitszimmer bei seinen Sammlungen. Und davon besaß er viele: Da waren die Kupferstiche, alte Bücher, seltene Kristalle und auch geschliffene Edelsteine.

Dieser gebildete Mann erwarb als erster den wunderbaren Brillanten, der in der Werkstatt des Zwerges geschliffen worden war. Der Gelehrte erkannte sofort den hohen Wert des Steines, behandelte ihn mit Sorgfalt und Liebe und konnte sich nicht satt sehen an seiner Farbenpracht, dem Feuer und der Reinheit. Es kam ihm vor, als ob das kostbare Mineral in seinen Händen noch lebhafter funkelte. Und das Herz des erfahrenen Sammlers schlug höher. Fast glaubte der Mann, dass die Pflanzen im Garten üppiger zu blühen begannen und auch er selbst vitaler wurde. Der Stein brachte das Glück in sein Haus.

Dann geschah es, dass der alte Herr völlig unerwartet ein Kind in seinem Hause aufnehmen musste.

Das kleine Mädchen war die Enkelin seines verstorbenen Freundes und hatte keine Angehörigen mehr. Von einem auf den anderen Tag war es mit der Stille und dem Frieden im Haus vorbei. Lärm und Kindergeschrei erfüllten die Räume. Mit dem Kind kamen die Erzieherin und das Kindermädchen. Ganz gleich in welchem Raum der alte Herr die Ruhe suchte, überall holte der Lärm ihn ein. Mit der Zeit gewöhnte er sich daran und gewann das kleine Mädchen sogar lieb. Bald konnte er sich sein Leben ohne das Kind nicht mehr vorstellen.

Die Kleine eroberte sein Herz und er nahm sie an Kindes statt an.

Aus dem kleinen Mädchen wurde eine schöne Jungfrau, die das ganze Haus herumkommandierte, mit ihren Launen schikanierte und auch den alten Mann nicht verschonte. Aber er verzieh ihr alles nachsichtig.

Eines Tages starb der alte Herr. Sein Vermögen samt Haus und Grundstück hinterließ er der Tochter. Kaum war er beigesetzt, als sich auch im Haus vieles veränderte: Es begann die Zeit der frohen Feste, der lauten Musik, der Verschwendung und der Freude. Der Lärm dauerte die Nächte durch, an warmen Abenden wurde auch am See gefeiert. Die Dienstboten kamen nicht zur Ruhe. Mit dem Erbe kam auch der seltene Brillant in die Hände der neuen Herrin. Diese kannte das leuchtende Kleinod, griff gierig nach ihm, aber … in ihren Händen verlor eine Facette nach der anderen ihre Reinheit – das Funkeln erlosch, der Stein wurde milchig und grau. Ungehalten warf die Schöne den Stein weg und lief davon. Sie war jetzt so reich, dass sie sich andere Juwelen kaufen konnte, der trübe Stein interessierte sie nicht mehr.

In einer lauen Sommernacht, während einer fröhlichen Feier am See, verschwand die junge Herrin plötzlich. Niemand bemerkte ihr Fehlen, niemand suchte nach ihr. Die Sonne ging auf, die Gäste gingen heim, die Gastgeberin blieb verschwunden. Sie kam nicht wieder, und die Suche nach ihr verlief ergebnislos.

Das alte Haus verwaiste. Ruhe kehrte ein. Die Wirtschafterin entließ die anderen Dienstboten, bedeckte

die Möbel mit Leinenbezügen, verschloss die Fenster-
läden und wartete … wartete … sie wartete vergeblich.

Ein Jahr nach dem anderen ging ins Land. Verlassen
lag das alte Herrenhaus, die Rosen blühten prächtig
und der wilde, wuchernde Wein erreichte das oberste
Stockwerk. Der etwas verwilderte Park war so schön
wie noch nie. Der See ruhte im Schutz der hohen Fichten und träumte vor sich hin.

Im Haus vergilbten die Spitzengardinen, verstaubten
die Bücher. Nur die grauhaarige Wirtschafterin und
ihre Enkelin bewachten und pflegten das verlassene An-
wesen. Sonst zeigte sich niemand in dieser Gegend.

Eines Abends klopfte unerwartet ein Gast an die Tür
und bat um Unterkunft. Er wurde eingelassen, man bot
ihm für die Nacht eines der Gästezimmer an. Nach dem
Abendessen erzählte der Fremde, er sei ein Forscher
und bereise diese Gegend auf der Suche nach alten
Sagen und Märchen.

»Märchen gibt es hier keine, aber ein Liedchen über
den See wird hier gesungen. Wollen Sie es hören?«,
fragte die Enkelin und begann mit dünner Kinderstim-
me das Lied vorzutragen:

> Geschmolzen ist der Schnee,
> Heimliche Stille ruht über dem See.
> Die Sonne durchdringt mit ihrem hellen Schein
> Der majestätischen Tannen Ästelein
> Und will mit ihren Strahlen, den fernen,
> Den kühlen Seegrund erwärmen.
> Auch der Mond ist spät zur Stell

Und scheint vom Himmel gläsernhell.
Er lässt in des Schatten Reigen
Vom See ein silbern Schloss aufsteigen,
Worin wohnt die Jungfrau rein,
Verzaubert durch einen Diamantenstein.

»Ein schönes Liedchen hast du da vorgesungen«, lobte der Mann, »gibt es hier wirklich einen solchen See?«

»Ja, doch! Es gibt ihn!«

»Den würde ich mir gerne einmal ansehen«, sagte der Forscher. Schon in der Dämmerung des nächsten Tages machte er sich auf den Weg.

In den Morgenstunden lag der Weiher im Schatten. Dicht rückten die hohen Fichten an das Wasser heran. Zweimal umging der Fremde das Wasser. Nur an einer Stelle, bei dem verfallenen Badehaus, bestand die Möglichkeit ans Ufer zu kommen. Hier ließ er sich nieder.

Ein seltsamer Zauber ging von dieser Gegend aus. Die Oberfläche des Sees war glatt, die Bäume spiegelten sich darin, zärtlich flüsterten die Fichten einander etwas zu. Die Sonne stieg höher und höher und erreichte endlich das Wasser. Tausende Funken leuchteten auf.

Am nächsten und übernächsten Morgen saß der junge Mann wieder am Seeufer. Er versuchte zu ergründen, wie es zu dem Liedchen gekommen war …

Da! Etwas huschte zwischen den Bäumen hindurch. Aber als er sich erhob, war niemand mehr zu sehen.

Einige Tage später sah er zwischen den Bäumen ein kleines Weiblein schleichen. Er sprang auf, lief hinterher und holte es mit Mühe ein.

»Warten Sie! Ich tue Ihnen nichts!«, rief er. Vor ihm stand ein Wesen undefinierbaren Alters, in den Farben des Waldes gekleidet, mit grauem Haar, runzeligem Gesicht und … listigen, jungen Augen.

»Gute Frau, Sie scheinen sich hier auszukennen«, fing der Mann an, »ich versuche zu ergründen, wie das Lied über diesen See entstanden ist.«

»Na, dann komm mal mit!«

Das Weiblein lachte und eilte voran. Vor dem Astloch einer mächtigen Fichte blieb es stehen und sagte: »Folge mir!«, und schon war es im Innern des Baumes verschwunden.

Der Mann zögerte und blickte sich um. Die Gräser um ihn herum waren so hoch wie die Bäume und das Astloch wie eine Tür. Er ging hinein und betrat ein warmes Stübchen.

An der Wand stand ein Bett, daneben ein Tisch und ein Hocker. Viele Heilpflanzen waren zum Trocknen ausgebreitet. Die Gastgeberin stellte Honig und Saft auf den Tisch, setzte sich auf das Bett und begann zu erzählen:

»Ich gehöre dem uralten Volk der Zwerge an. Wir bevölkerten die Erde, lange bevor es die ersten Menschen gab. Einer meiner Vettern ist ein Untertan des mächtigen Zwergenkönigs Murami. Vor vielen Jahren musste mein Vetter für den König aus einem großen Rohdiamanten einen Brillanten schleifen. Der Schliff gelang auf das Vortrefflichste. Der Brillant wurde in diese Gegend verkauft und mein Vetter bat mich, dafür zu sorgen, dass der Stein in gute Hände komme. So war es auch, bis der Besitzer starb. Nach seinem Ableben bekam seine Tochter, ein unwürdiges Geschöpf, das Juwel. Ich bestrafte sie und versenkte sie samt dem Stein in diesen See.«

»Also ist das Liedchen keine Erfindung, sondern die Wahrheit?«

»Ja!«

»Und das Mädchen liegt auf dem Grund dieses Sees?«

»Ja. Aber nicht mehr lange. Sie ist fast erlöst. Sie ist nicht mehr die, die ich bestrafte, sie hat sich gewandelt, ihre Fehler eingesehen und sie auch bereut.«

»Wie lange bleibt sie noch unter Wasser gefangen?«

»Sie ist fast frei. Noch wenige Tage, und sie kommt heraus.«

»Wie kommt sie denn heraus?«, fragte der Forscher.

»So genau weiß ich es nicht, denn ihre Erlösung hängt nicht von mir ab. Es muss einiges zusammen-kommen und wenn das geschieht, so kommt sie frei.«

»Was muss zusammenkommen?«

»Es ist so: Wenn im Monat Mai oder Juni in einer kla-ren Nacht der Mondstrahl eine der Facetten des Steines trifft und das Mädchen zu dieser Zeit ihre Fehler einge-sehen hat, so reinigt der Strahl des Mondes diese Facet-te. Wache diese Nacht am Ufer, vielleicht wird das Mädchen heute schon erlöst.«

»Ich danke Euch, weise Frau, für Eure Hilfe und Euren Rat. Heute Nacht werde ich am Ufer wachen und sehen, was geschieht.«

Am Abend begab sich der junge Mann zum See, ließ sich nieder und wartete. Die Sonne war untergegangen.

Eine milde Sommernacht senkte sich auf die Erde herab. Die hohen Fichten schliefen ein, verstummt war der Gesang der Vögel, der See ruhte still. Langsam stieg der Mond hoch, warf zuerst die langen Schatten der Bäume auf das Wasser und wanderte dann weiter. Nichts regte sich. Der Mann wachte und wartete.

Das Mondlicht erreichte die Mitte des Sees. Die Oberfläche des Wassers erwachte zum Leben. Aus der Tiefe erklangen zarte Mädchenstimmen. Erst leise, dann immer lauter. Sie waren hoch und rein, sie klangen wie Kristallglocken:

> Abendstille ruht über dem See,
> Weiße Wölkchen in der Höh'.
> Die letzten Strahlen der warmen Sonne
> Verbreiteten Wonne.
> Die dunklen Schatten der hohen Tannen
> Wandern von dannen …

Fasziniert hörte der Mann zu und sah, wie mitten im Wasser die Spitze eines Palastes sichtbar wurde. Sie erhob sich langsam in die Höhe. Da verdeckte ein kleines Wölkchen den Mond und das Lied brach ab, der Palast versank. Das Wölkchen zog vorüber, der Mond schien wieder klar und hell, aber der See lag still da … Lange saß der Mann am Ufer und wartete, hoffte und überlegte. Als sich im Osten der Himmel rötete, stand er auf und ging schlafen.

Am Tag darauf regnete es. Der Himmel war mit grauen Wolken verhangen. Betrübt blickte der Forscher aus

dem Fenster. Die Wolkendecke riss nicht auf. Es war bereits Ende Juni und die Zeit drängte. Bis zum nächsten Sommer konnte er nicht hierbleiben.

Ein sonniger Junimorgen brach an. Die Parkanlage erstrahlte in frischem Grün, süß dufteten die Rosen, am Himmel war keine Wolke zu sehen. Dem Tag folgte ein schöner Abend und eine klare Dämmerung. Der Mann saß am Ufer und wartete. Eine samtene Nacht umhüllte die Erde, die Sterne blinkten, dann ging der Mond auf. Er wanderte, erreichte die Wasseroberfläche und diese bewegte sich. Aus der Ferne erklang ein Lied. Gebannt harrte der junge Mann der kommenden Dinge.

Der Gesang wurde lauter. Aus dem See erhob sich langsam ein Kristallpalast. Eine Schar lieblicher Jungfrauen, mit Blumenkränzen geschmückt, tanzte im Kreis. Von ihren Gewändern tropfte das Wasser. Sie sangen:

> Abendstille ruht über dem See,
> Weiße Wölkchen in der Höhe.
> Die letzten Strahlen der warmen Sonne
> Verbreiten Wonne.
> Die dunklen Schatten der hohen Tannen
> Wandern von dannen.
> Der Fischer mit seinem Kahn
> Und der stolze Schwan
> Ziehen die Bahn.
> Bald funkeln am nächtlichen Himmel
> Die goldenen Sterne
> Und der silberne Mond
> Ist nicht mehr fern.

Abgeschüttelt ist des Tages Last
Und aus der Tiefe des Sees
Erhebt sich ein Kristallpalast.
Ein Mägdelein hold und rein
Soll darinnen verzaubert sein.
Ist alles verhüllt in tiefes Schweigen,
Wird sie sich zeigen
Zum fröhlichen Reigen
Mit den Elfen, den Frommen,
Zur Mitternachtsstund.
So geht die Kund.

Der Mann hielt den Atem an: Vor seinen Augen erhob sich ein durchsichtiger Palast aus der Tiefe des Sees. Im Innern saß ein Mädchen und blickte auf den Stein in seiner Hand. Plötzlich sprang das Mädchen auf, lief hinaus und rief: »Der Brillant ist wieder ganz rein! Ich bin erlöst!« Ohne nachzudenken sprang der Mann ins Wasser und schwamm auf das Schloss zu. Als er es erreichte, löste sich das wunderbare Bauwerk auf, versanken die lieblichen Seejungfrauen, nur das Mädchen blieb und hielt den funkelnden Stein in seinen Händen. Der Forscher umarmte die Jungfrau und begab sich mit ihr zum Ufer.

Im Osten lichtete sich der Himmel, als zwei glückliche Menschen das alte Haus erreichten. Hier wurden keine rauschenden Feste mehr gefeiert. Hier lebten bescheidene, zufriedene Menschen. Und der Stein begann zu strahlen und gewann sein Feuer und seine Leuchtkraft zurück. Von Tag zu Tag wurde er heller, schöner und kraftvoller.

»Wie hat dir diese Geschichte gefallen?«, fragte Murami.

Die Feenkönigin überlegte: »Gibt es diesen Brillanten noch?«, fragte sie.

»Oh ja, und er ist unwahrscheinlich schön, er strahlt und leuchtet wie nie zuvor!«

»Dann bin ich zufrieden.«

»Ich habe dir von einem weißen Brillanten berichtet. Aber dieses harte Mineral existiert auch in anderen Farben. In rohem Zustand sieht der Stein ganz unscheinbar aus. Sobald er aber in die Hände eines erfahrenen Schleifers kommt, erwacht er zum Leben. Dann entfaltet er seine ganze Pracht. Am stärksten strahlen die weißen und die leicht bläulichen Diamanten. Aber auch die grünen, rosafarbenen oder ganz blauen Exemplare haben ihren besonderen Reiz. Sogar gelbe Diamanten gibt es, von ganz hellen, so genannten »goldenen«, bis zu sattbraunen Tönen ist hier alles vertreten.«

»Ich danke dir für deine Erklärung. Doch nun möchte ich neue Erzählungen aus deiner Schatztruhe der Geschichten hören.«

DER RUBINRING

Das Dorf lag unweit des Berges
und war klein und arm. Die
schiefen Dächer und das magere Vieh,
die schmal bemessenen Felder und die ärm-
lich gekleideten Bauern – all das zeigte die
große Armut der Bevölkerung. Ein einziger
Mann im Dorf war reich, und das war der
Bürgermeister. Ihm gehörten außer einer
Gastwirtschaft noch ein Krämerladen und ein
großer Hof. Die meisten Einwohner des Dorfes waren bei ihm verschuldet und ihm mehr
oder weniger hörig.

Oben auf dem Berg stand eine ausgebrannte Burgruine. Das edle Geschlecht, das hier einst gelebt hatte, war schon vor vielen Jahren ausgestorben. In der Nähe der zerfallenen Burg bewohnte ein junger Förster ein kleines Häuschen. Er war ein schmucker Bursche, der tagelang durch die Wälder streifte und nur über Nacht, und auch dann nicht immer, in seine Hütte einkehrte.

Nebelschwaden zogen über die Felder. Der Himmel war klar und der Mond schien hell. Am Fuße des Berges begann der dichte, dunkle Wald. Durch diese stille Landschaft ging der junge Förster dem Walde zu. Die ersten Nebelschwaden kreuzten seinen Weg, zogen weiter, wurden einmal dichter, dann wieder dünner. Langsam formte sich aus dem Nebel eine Gestalt und ein schlankes, blasses Mädchen stand vor ihm.

»Edler Ritter«, sagte eine zarte Stimme, »ich friere so sehr, kannst du mich wärmen?«

Aufmerksam betrachtete der junge Mann die seltsame Erscheinung. Durch die leichten, wehenden Gewänder sah er ein schmales, fast durchsichtiges Geschöpf mit langem Haar und großen traurigen Augen.

»Du bist doch der Spuk aus dem Bach. Mach dich fort und gib mir den Weg frei!«

»Ich friere so sehr, edler Ritter Hugo«, sagte das Mädchen wieder.

»Hugo heiße ich zwar, aber ein Ritter bin ich nicht, kleines Nebelmädchen. Du verwechselst mich sicher. Ich bin der Förster!«

»Ich verwechsle dich nicht, ich kenne dich, Ritter Hugo. Ich sehe dich so oft am Abend diesen Weg gehen. Wärme mich, edler Ritter.«

»Komm her! Hier hast du meine Jacke und nun lebe wohl.« Er zog die Jacke aus und legte sie dem Mädchen um die Schultern. Der Nebel löste sich auf, die Jacke fiel zu Boden und das Mädchen stand gleich wieder daneben.

»Deine Jacke wärmt nicht«, sagte es, »gib mir deinen Ring.«

»Meinen Ring?«, fragte der Förster verwundert.

»Dieser Ring ist heute mit Füßen getreten worden. Heute Abend habe ich um die Tochter des Bürgermeisters angehalten, und da ich nichts Besseres besitze, wollte ich ihr diesen Ring schenken. Er hat meiner Mutter gehört. Aber sie hat mich nur ausgelacht. Sie lachte mich vor allen aus. Was bin ich schon? Ein armer Förster! Ich bin keine Partie für die reiche Bürgermeisterstochter. Und ausgerechnet du willst den Ring haben?«

»Sieh nur, welche Wärme er ausstrahlt! Wie viel heiße Glut er spendet! Darf ich mich daran wärmen?«

Erstaunt betrachtete der junge Mann den Stein an seinem Finger. Der Rubin glitzerte und leuchtete. Ein gleißendes Feuerwerk schien aus ihm empor zu steigen. »Hier hast du ihn«, sagte er plötzlich und streifte den goldenen Reif vom Finger. »Heiraten werde ich doch nicht, du kannst dich daran wärmen.«

Das Mädchen nahm das Geschenk entgegen, der Stein wurde in ihrer Hand groß und hell und leuchtete wie eine Flamme.

»Habe Dank, Ritter Hugo. Hier, nimm dies für das Mädchen, das du liebst. Doch bevor du ihr den Schmuck gibst, zeige ihn einem Juwelier. Hat dich das Mädchen gern, ist ihre Liebe zu dir echt und tief, so bringt ihr der Schmuck Segen. Liebt sie dich nicht, so zerrinnt er in ihrer Hand.«

Die Unbekannte strich über ihr Gewand und hielt dem Förster eine Kette aus großen Perlen hin.

»Gute Nacht, Ritter Hugo.«

Der Nebel löste sich auf, der Weg war frei.

Bei Sonnenaufgang erwachte der Förster, zog sich an und ging in die Stadt. Er betrat ein Juweliergeschäft und legte die Perlen auf den Tisch. »Was ist diese Kette wert?«, fragte er skeptisch.

Der Juwelier betrachtete die rosa schimmernden Perlen lange. »Diese Kette ist so kostbar, dass ich sie nicht bezahlen könnte. Nur einmal in meinem Leben habe ich ähnlich seltene Perlen gesehen. Das war vor vielen Jahren, als da droben auf dem Berg noch die gräfliche Familie wohnte. Die Gräfin besaß eine ähnliche Perlenkette.«

Der Förster bedankte sich und ging.

Am Abend war die einzige Gastwirtschaft des Dorfes voller Menschen. An der Theke bediente die Tochter des Bürgermeisters. Der Förster betrat die Gaststube,

ging zur Theke, grüßte freundlich und legte das offene Etui vor das Mädchen hin. Ihre Augen leuchteten gierig auf.

»Sind die echt?« Sie griff nach dem Schmuck.

»Natürlich«, antwortete der Mann gelassen.

»Oh, wie schön! Ist die Kette für mich! Hast du noch mehr davon?«

»Sie ist für dich.«

»Du bist mir doch wegen gestern nicht böse? Es war nur ein Spaß! Hast du auch einen Armreif dazu?«

»Ich sehe mal nach«, kam die ausweichende Antwort. Das Mädchen nahm die Kette und lief von einem Tisch zum anderen. »Habt ihr schon mal so schöne Perlen gesehen? Es ist ein Verlobungsgeschenk von Hugo! Wie groß sie sind!«

Nun lief sie zum Spiegel, legte die Kette um und betrachtete sich zufrieden. Die Perlen wurden matter, kleiner und zerrannen schließlich ganz. Am Hals des Mädchens hing nur noch die leere Schnur.

»Du bist ein Betrüger!«, schrie sie erbost.

»Ihr habt es alle gesehen, ihr seid alle meine Zeugen! Vater! Vater! Sieh nur, was er gemacht hat! Öffentlich hat er mich bloßgestellt. Hinaus mit dir, du Betrüger! Sperr ihn ein, Vater!«

Der arme Hugo wurde von starken Armen gepackt und in das Dorfgefängnis geworfen.

Stunden gingen vorüber. Der junge Mann saß auf dem feuchten Steinboden an die Wand gelehnt und

blickte durch das kleine vergitterte Fenster auf die wenigen Sterne am Himmel.

Nebel zog auf, versperrte für kurze Zeit die Sicht, sickerte in die Zelle hinein, nahm Gestalt an, und das Nebelmädchen stand vor ihm.

»Armer Ritter Hugo«, sagte es, »du hast heute viel Schlimmes ertragen müssen. Willst du, dass ich dein Gefängnis öffne? Es macht mir keine Mühe.«

»Warum soll ich fliehen? Ich habe nichts Unrechtes getan.«

»Die Nacht ist lang, Ritter Hugo, komm mit. Bis zum Morgengrauen bist du wieder da. Komm, ich will dir etwas zeigen.«

Zusammen verließen sie das Gefängnis, erreichten ungehindert den Wald und stiegen die Anhöhe zur Burg hinauf.

»Diese schöne Burg ist vor fünfundzwanzig Jahren abgebrannt«, sagte das Mädchen.

»Davon habe ich gehört. Alle sind in den Flammen umgekommen, es gibt keine Nachkommen des Geschlechtes und die Ruinen verfallen.«

»Das stimmt nur zum Teil. Komm mit. Dieser Raum da ohne Dach und Fenster war einst das Schlafgemach der Gräfin. Stell dich hier an die Wand. Siehst du, was ich in der Hand halte? Das ist dein Ring. Und jetzt pass auf!«

Der Stein wurde groß, durchsichtig und lebendig. In seinem Innern formten sich Bilder. Ein prunkvolles

Bett stand in der Mitte, eine junge Frau lag darin, blass, bleich und glücklich. Ein Mann küsste ihre Hand und überreichte ihr ein Etui mit Perlen …

»Das sind dieselben!«, rief der Förster.

»Ja, das sind dieselben. Diese Perlen schenkte der Graf seiner Gemahlin, als du geboren wurdest.«

Jetzt erst erblickte Hugo eine kleine Wiege und ein winziges Geschöpf darin. Aber das Bild zerrann.

»Komm mit, Ritter Hugo. Dies ist das Speisezimmer gewesen. Was siehst du jetzt im Stein?«

»Einen gedeckten Tisch, meine Eltern und … ist es möglich? Da ist doch der Bürgermeister! Oder täusche ich mich?«

»Nein, du täuschst dich nicht. Er war der Diener deines Vaters. Und was siehst du jetzt?«, drängte das Mädchen.

»Eine Köchin oder eine Küchenhilfe … sie dreht sich um. Ist das nicht die Frau Bürgermeisterin? Ja, sie ist es! War sie auch bei meinen Eltern im Dienst?«

»Sie war es. Komm weiter. Hier ist dein Zimmer gewesen. Schau aufmerksam hin. Was siehst du jetzt, Ritter Hugo?«

»Eine ältere Frau und ein Kind. Meine Mutter stürzt herein … sie ist sehr aufgeregt … sie streift den Ring von ihrem Finger … sie steckt ihn der Frau zu und das Geld … viel Geld … man wickelt mich in eine Decke ein … die Frau eilt mit mir aus dem Zimmer … ich sehe Feuer, Flammen … ich sehe meinen Vater … er liegt am

Boden in seinem Zimmer und er blutet … die Mutter kniet daneben … ein Mann flieht in Eile aus der Burg … er trägt etwas in der Hand … ein Paket? … einen Koffer! … Das ist der Bürgermeister! Er ist es! Ich habe ihn deutlich erkannt! Die Decke stürzt ein und begräbt meine Eltern! Meine armen Eltern …«

»Beruhige dich, Ritter Hugo. All das liegt fünfundzwanzig Jahre zurück. In diesem Gemach, das das Arbeitszimmer deines Vaters war, standen entlang der Wände viele Bücherschränke. Einer der Schränke war beweglich und verbarg den Eingang zur Treppe in den tiefsten Keller, in dem dein Vater seine Dokumente und sein Geld aufbewahrte. Der Diener hat nur einen geringen Teil des Vermögens entwendet, nachdem er das Feuer gelegt hatte. Drücke mal auf diesen Stein, er bewegt sich. Gehe getrost die Treppe hinunter, Hugo, und sieh dich dort unten um.«

Die Tür öffnete sich und gab den Durchgang zu einer sehr schmalen Treppe frei. Der Förster ging hinunter. In einem kleinen, muffigen Raum standen einige eisenbeschlagene Truhen. Sauber sortiert und gebündelt lagen die Familienpapiere und Wertsachen darin, mehrere Säckchen mit Goldmünzen standen auf dem Boden.

»Kleines Nebelmädchen, wie kann ich dir danken?«, fragte der Förster bewegt. »Du bist die Beste und die Treueste von allen, und wärest du nicht aus Nebel, so würde ich dich gleich heiraten!«

Das Mädchen streckte die Hand aus und berührte sanft die Wange des Mannes. Die Hand war fest, warm und zart. »Das kannst du ruhig tun, Ritter Hugo«, antwortete sie verlegen, »ich war dazu verurteilt, ruhelos als Nebel zu wandern, bis mich die Liebe eines Mannes erlösen konnte. Nun werde ich geliebt, also bin ich erlöst und bestehe genau wie du aus Fleisch und Blut. Aber beeilen wir uns, bald geht die Sonne auf!«

Vier Wochen später heiratete Ritter Hugo das Nebelmädchen. Das junge Paar baute die Burg wieder auf und lebte dort unbeschwert in Glück und Frieden viele, viele Jahre lang.

Den Bürgermeister aber verbannte Ritter Hugo samt seiner Frau und der Tochter aus der Gegend. Das Vermögen, das der Skrupellose gestohlen hatte, wurde unter den Armen und Bedürftigen des Dorfes verteilt.

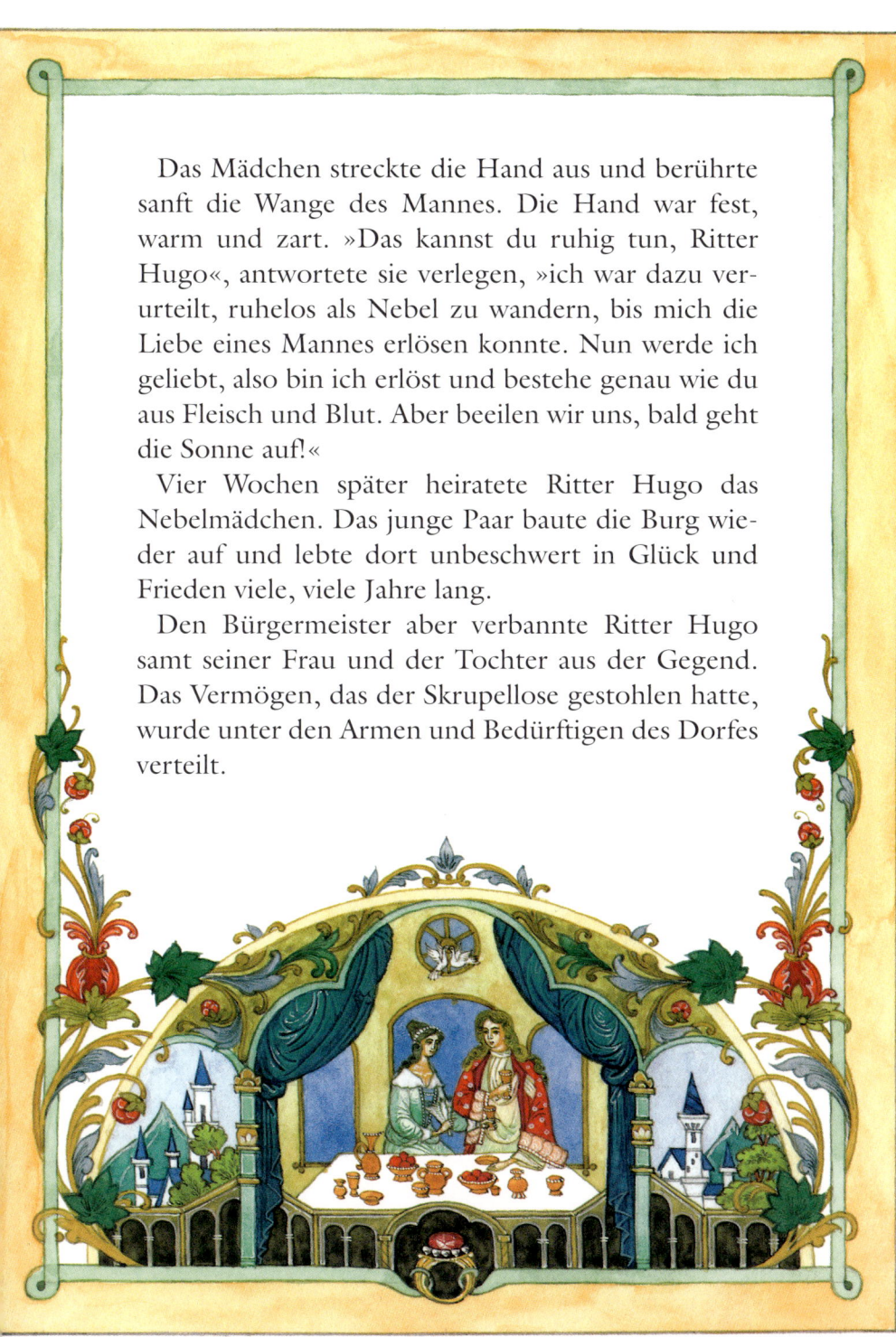

·Das · Geheimnis · ·Des · kristalls·

Geht ein aufmerksamer Wanderer an einem Sommertag durch den Bayerischen Wald spazieren, verweilt er unter dem schützenden Dach der hohen Bäume, lässt die Umgebung auf sich wirken und hört aufmerksam zu, so enthüllt ihm der Wald eine Menge Geheimnisse. So war es immer schon …

Träge zogen die Wolken am Himmel vorüber, die Quellen plätscherten und die grünen Baumriesen neigten ihre Kronen zueinander, rauschten und unterhielten sich. Sie erzählten sich Geschichten vom Wald.

Märchenhaft verwandelte sich plötzlich die Landschaft. Riesige, moosbewachsene Steine, die wie mit Samt bezogen schienen, erwachten zum Leben. Dazwischen huschten kleine flinke Waldgeister, die so schnell verschwanden, wie sie aufgetaucht waren.

War ein Waldgeist einem Menschen wohlgesonnen, so winkte er ihm zu und wies auf einen der Steine. Dann brauchte man nur mit der Hand darauf zu klopfen, und er öffnete sich von selbst und bot seine Schätze bereitwillig dar. Wie in einer kostbaren Schmuckschatulle sah es im Inneren eines solchen Steines aus: Malachite, grün und samten, mit wunderlichen, hellen Mustern verziert, lagen darin. Rosenquarze mit ihren sanften Farben verzauberten den Blick, und auch der seltene Rosensternquarz, der mit seinem sich wandelnden Stern so lebendig wirkt, fehlte nicht.

Der kleine Waldgeist griff hinein und holte einige der Kostbarkeiten heraus, die er freizügig den Menschen anbot. Man nahm die Gabe an, bewunderte das hübsche Geschenk und wollte dem Geber danken. Aber man suchte vergebens nach ihm. Weg war er, verschlossen und dunkel lagen viele gleich aussehende bemooste Steine herum.

Quellen durchzogen wie Adern den Wald. Jede dieser zahlreichen Quellen hatte ihren eigenen Schutzgeist. Es waren gute und böse kleine Geschöpfe. Die einen erquickten den müden Wanderer mit köstlichem frischem Wasser, wehten ihm Kühlung zu, wiesen ihn zu den an Pilzen und Beeren reichen Plätzen. Die anderen mochten die Menschen nicht und ärgerten sie gerne. Statt kühlem Trunk bekam ein Durstiger bittere oder salzige Flüssigkeit zu schmecken. Die kleinen munteren Plagegeister brachten die Menschen vom Wege ab und wenn diese müde über die Steine stolperten, lachten sie laut oder kicherten leise.

Eines Tages saß ein armer, müder Handwerksbursche im Wald und trank kühles Quellwasser. Die Sonne schien hell durch die Bäume, warf wunderliche Muster auf den weichen Moosteppich und den über Steine dahinplätschernden Bach. Jetzt erreichten die goldenen Strahlen die Stelle, an der das Wasser einen halben Meter tief zum nächsten Stein fiel und dort in tausend bunte Funken zersprang. Plötzlich sah der Bursche, dass im Wasser ein kleines, durchsichtiges Männchen tanzte. Es lachte, hüpfte munter herum, warf sein Käppchen in die Luft und fing es geschickt wieder auf. Mal zerrann die durchsichtige Gestalt, dann bildete sie sich wieder von neuem. Gespannt sah der junge Mann dem Schauspiel zu, seine Müdigkeit war vergessen. Jetzt winkte der Quellengeist ihn zu sich: »Ich weiß, dass du mich schon entdeckt hast. Komm her! Sieh mal, was ich da habe!«

Er hielt die Hände unter den Wasserstrahl und fing Tropfen auf, die sich in seinen Händen zu einer wunderschönen, funkelnden Schale formten. So etwas Schönes hatte der junge Mann noch nie gesehen.

»Möchtest du solche Gegenstände selbst anfertigen können? Dann merke dir das Rezept der Zusammensetzung. Ich sage es dir nur einmal, höre gut zu!« Und das Männlein gab das Geheimnis des Bleikristalls preis.

»Geh und fertige es nach! Es gelingt dir bestimmt. Du wirst ein großer Meister werden und beachtliche Reichtümer gewinnen. Als Dank wünsche ich mir eine ebensolche Schale von dir, wie ich sie dir gerade gezeigt habe. Deine schönste soll es sein!«

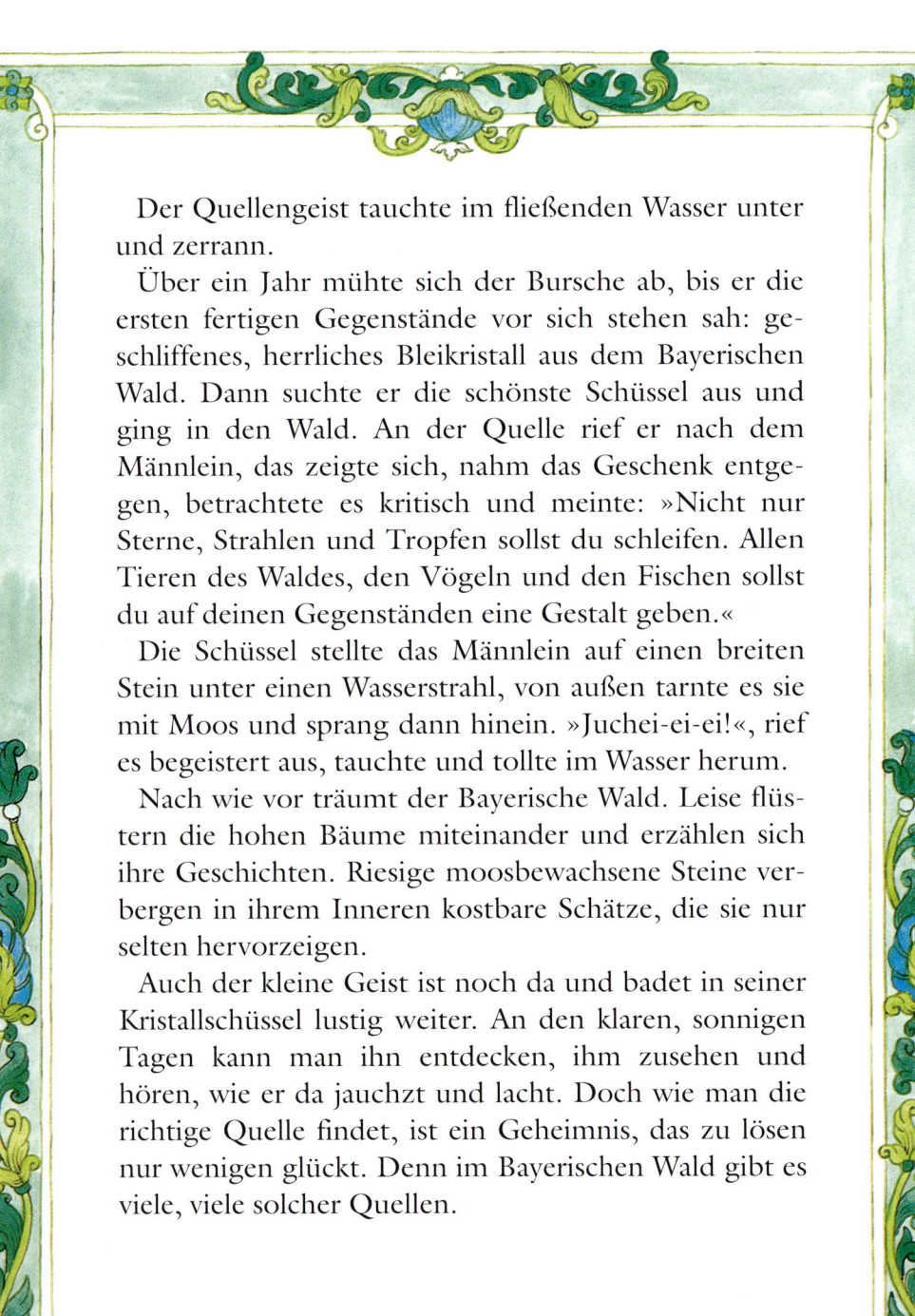

Der Quellengeist tauchte im fließenden Wasser unter und zerrann.

Über ein Jahr mühte sich der Bursche ab, bis er die ersten fertigen Gegenstände vor sich stehen sah: geschliffenes, herrliches Bleikristall aus dem Bayerischen Wald. Dann suchte er die schönste Schüssel aus und ging in den Wald. An der Quelle rief er nach dem Männlein, das zeigte sich, nahm das Geschenk entgegen, betrachtete es kritisch und meinte: »Nicht nur Sterne, Strahlen und Tropfen sollst du schleifen. Allen Tieren des Waldes, den Vögeln und den Fischen sollst du auf deinen Gegenständen eine Gestalt geben.«

Die Schüssel stellte das Männlein auf einen breiten Stein unter einen Wasserstrahl, von außen tarnte es sie mit Moos und sprang dann hinein. »Juchei-ei-ei!«, rief es begeistert aus, tauchte und tollte im Wasser herum.

Nach wie vor träumt der Bayerische Wald. Leise flüstern die hohen Bäume miteinander und erzählen sich ihre Geschichten. Riesige moosbewachsene Steine verbergen in ihrem Inneren kostbare Schätze, die sie nur selten hervorzeigen.

Auch der kleine Geist ist noch da und badet in seiner Kristallschüssel lustig weiter. An den klaren, sonnigen Tagen kann man ihn entdecken, ihm zusehen und hören, wie er da jauchzt und lacht. Doch wie man die richtige Quelle findet, ist ein Geheimnis, das zu lösen nur wenigen glückt. Denn im Bayerischen Wald gibt es viele, viele solcher Quellen.

»Was für ein wunderbares Abenteuer für den jungen Handwerker!«, rief die Feenkönigin begeistert aus, wie reich wurde er auch mit Wissen beschenkt! Es ist eine ganz wunderbare Geschichte ohne Kummer und Schmerz. Ist der Bleikristall auch wirklich so schön?«

»Er ist es. Und er wurde dem besten Bergkristall nachgemacht. Nur wird der Bergkristall nicht so reich geschliffen und fassettiert wie Bleikristall, da er viel härter ist und seltener.«

»Zu Beginn sprachst du auch von Rosenquarz. Gibt es ihn wirklich?«

»Natürlich, sonst hätte ich dir nicht davon erzählt. Rosenquarz ist ein rosafarbener, milchig-trüber oder durchscheinender Quarz. Wenn man ihn mugelig schleift, so zeigt er einen sechsstrahligen Stern an der Oberfläche. Bewegt man den Stein, so bewegt sich auch der Stern.«

»Hast du solche Rosenquarze?«

»Ja, die habe ich auch. Komm mit und sieh sie dir an. Wenn sie dir gefallen, lasse ich den Boden in deinem Schlafgemach damit auslegen. Dann wirst du beim Aufstehen auf Sternen laufen.«

»Was für eine schöne Idee, hab Dank dafür.«

Der Magier

Prag, die goldene Stadt an der Moldau, hat eine tausendjährige Geschichte. Eine wunderschöne Stadt, reich an prachtvollen Palästen, herrlichen Kirchen, entzückenden Häusern. Eine Weltstadt voller Glanz!

Hübsche, verwinkelte Höfe hat Prag. Zur Straße hin sind sie durch breite Tore verdeckt. Im Innern grün und gemütlich, die Balkone voller Topfpflanzen. Man kann von einem Hof zum anderen gelangen, ohne auf die Straße zu gehen. Und von diesem weiter in den nächsten.

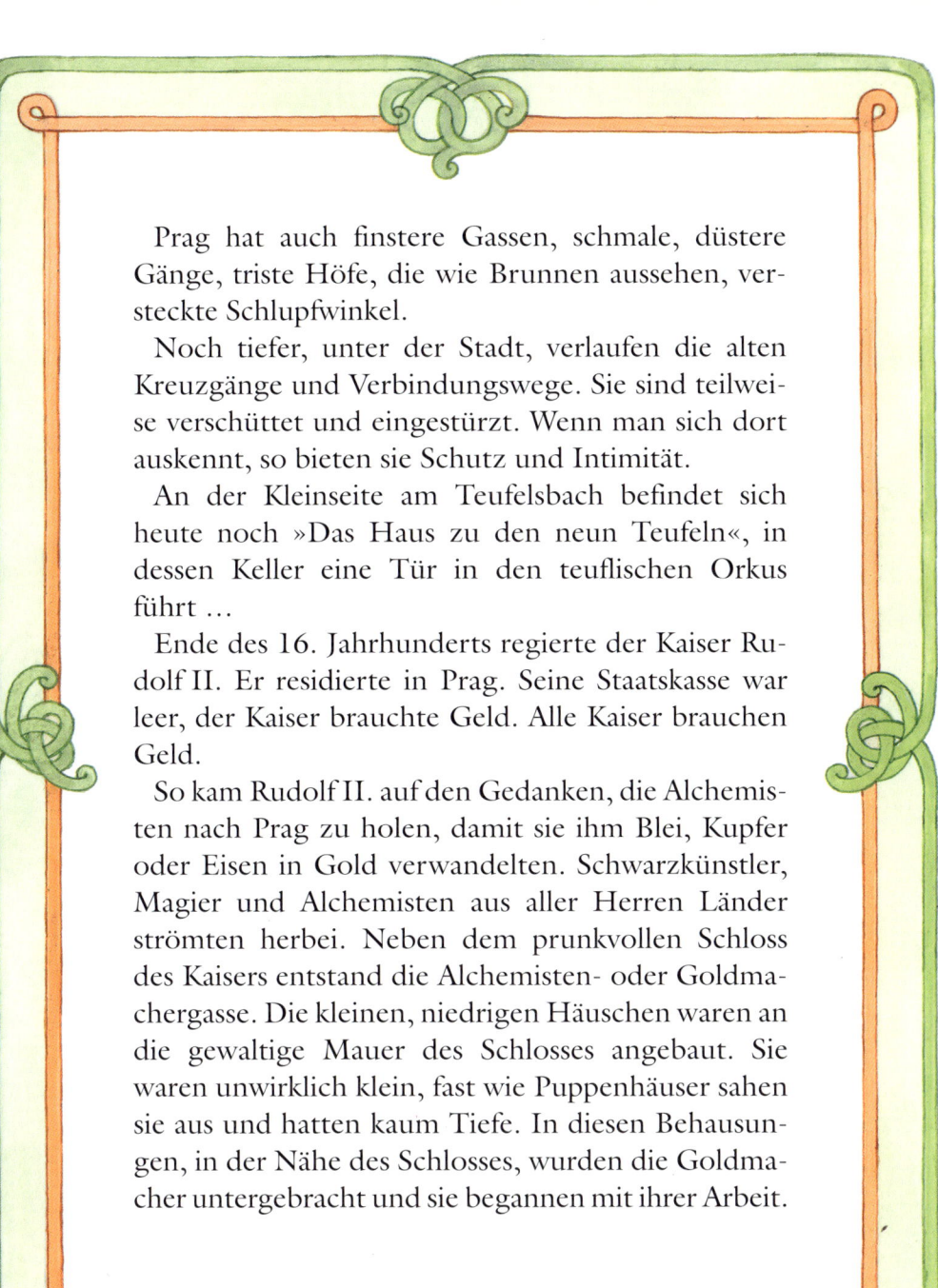

Prag hat auch finstere Gassen, schmale, düstere Gänge, triste Höfe, die wie Brunnen aussehen, versteckte Schlupfwinkel.

Noch tiefer, unter der Stadt, verlaufen die alten Kreuzgänge und Verbindungswege. Sie sind teilweise verschüttet und eingestürzt. Wenn man sich dort auskennt, so bieten sie Schutz und Intimität.

An der Kleinseite am Teufelsbach befindet sich heute noch »Das Haus zu den neun Teufeln«, in dessen Keller eine Tür in den teuflischen Orkus führt …

Ende des 16. Jahrhunderts regierte der Kaiser Rudolf II. Er residierte in Prag. Seine Staatskasse war leer, der Kaiser brauchte Geld. Alle Kaiser brauchen Geld.

So kam Rudolf II. auf den Gedanken, die Alchemisten nach Prag zu holen, damit sie ihm Blei, Kupfer oder Eisen in Gold verwandelten. Schwarzkünstler, Magier und Alchemisten aus aller Herren Länder strömten herbei. Neben dem prunkvollen Schloss des Kaisers entstand die Alchemisten- oder Goldmachergasse. Die kleinen, niedrigen Häuschen waren an die gewaltige Mauer des Schlosses angebaut. Sie waren unwirklich klein, fast wie Puppenhäuser sahen sie aus und hatten kaum Tiefe. In diesen Behausungen, in der Nähe des Schlosses, wurden die Goldmacher untergebracht und sie begannen mit ihrer Arbeit.

Unter den Ankömmlingen war auch ein Ägypter. Noch ehe er anreiste, ließ er für sich »Das Haus zu den neun Teufeln« erwerben.

Niemand sah ihn ankommen. In tiefer Nacht hielt eine Kutsche vor dem Haus, vier Personen stiegen aus und gingen hinein. Die Tür wurde sogleich verschlossen.

Die Bewohner des Hauses zeigten sich nicht. Zweimal in der Woche wurden Lebensmittel gebracht, eingelassen wurde die Frau, die sie lieferte, nicht. An der Tür nahm ein kleiner, verkrüppelter Mann mit sehr dunkler Hautfarbe die Waren ab, zahlte und verriegelte die Tür. Zu hören war ab und zu eine Mädchenstimme, gesehen wurde niemand.

Der ägyptische Magier war hager, wortkarg, abweisend. Er blickte so streng, dass niemand ihn anzusprechen wagte. Aber er war ein wissender, geachteter und weiser Mann. Er bot dem Kaiser seine Dienste an und versprach, Kupfermünzen in Goldmünzen zu verwandeln. Einen Lohn für seine Dienste lehnte er ab. Er sei selbst so reich, dass er an materiellen Gütern nicht interessiert sei. Er erbat lediglich die Gunst des Kaisers.

»Welche Gunst wäre das?«, wollte der Herrscher wissen. Der Fremde bat seine Majestät untertänigst, sein einziges Kind, eine Tochter von seltener Schönheit, sobald diese das Alter erreichte, in die Gesell-

schaft der edlen Damen bei Hofe aufzunehmen. Der Kaiser willigte ein.

Aus der Prägeanstalt des Herrschers wurden auf kleinen Holztragen mehrere Säckchen mit Kupfermünzen gebracht. Der Ägypter schloss sich in der Werkstatt ein. Er erlaubte niemandem, seiner Tätigkeit zuzusehen, und keiner durfte ihn stören. Tag und Nacht brannte bei ihm das Licht, zu hören war nichts.

Nach einigen Tagen erschien der Magier beim Kaiser, legte ihm Goldmünzen vor und verkündete, dass er mit der Arbeit fertig sei. Der Herrscher war begeistert. Er selbst und nach ihm auch der Schatzmeister prüften die Münzen – sie waren alle aus purem Gold! Der Ägypter wurde in Gnaden entlassen und die Staatskassen aufgefüllt.

Dann aber brach unerwartet ein Krieg aus. Der Kaiser musste eine Armee aufstellen, Munition und Bekleidung für sein Heer bezahlen, für die Gehälter der Offiziere aufkommen. Das Gold in der Staatskasse schmolz dahin …

Also ließ der Herrscher den Fremden wieder rufen und befahl ihm, neues Gold zu machen. Aber er wollte mehr als beim ersten Mal. Der Ägypter willigte zögernd ein, verlangte aber dafür, dass der Kaiser seine wunderschöne Tochter später mit einem Adligen verheiraten sollte. Auch dieses Mal schien dem

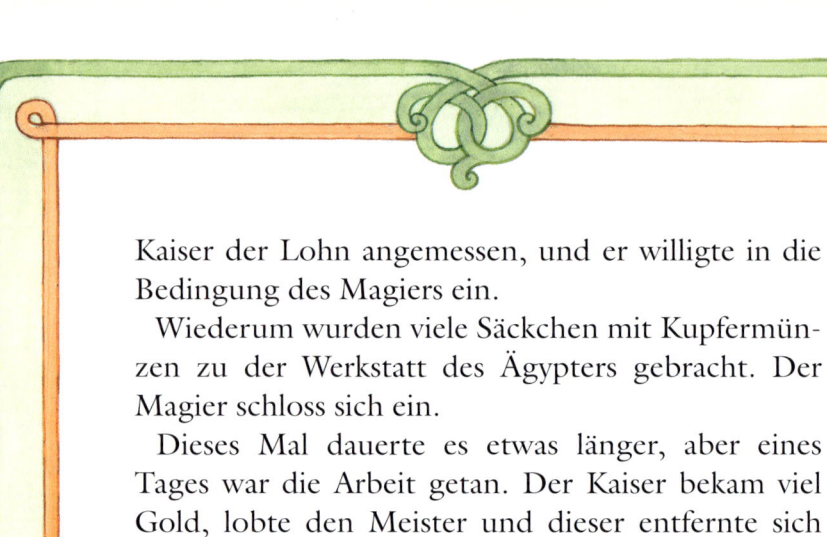

Kaiser der Lohn angemessen, und er willigte in die Bedingung des Magiers ein.

Wiederum wurden viele Säckchen mit Kupfermünzen zu der Werkstatt des Ägypters gebracht. Der Magier schloss sich ein.

Dieses Mal dauerte es etwas länger, aber eines Tages war die Arbeit getan. Der Kaiser bekam viel Gold, lobte den Meister und dieser entfernte sich bescheiden.

Aber kaum war das viele Gold im Schloss verstaut, als im Lande eine Seuche ausbrach, die die Menschen nur so dahinraffte. Das Gold in der Staatskasse zerrann und war bald alle.

Der Kaiser ließ den Ägypter rufen. Als dieser kam, verlangte der Herrscher: »Mach mir so viel Gold, dass ich es ausgeben kann, ohne mich einschränken zu müssen!«

»Die Wünsche Eurer Majestät übersteigen meine Möglichkeiten«, antwortete der Weise schlicht, »so viel Gold vermag ich nicht herzustellen.«

Der Machthaber drohte und bat, es war vergebens.

Da kam ihm ein schlauer Gedanke in den Sinn und er schlug vor: »Mach mir noch dieses eine Mal Gold in ausreichender Menge, so viel, dass ich für Jahre versorgt bin. Dafür verspreche ich dir, deine Tochter, sobald sie das heiratsfähige Alter erreicht, mit einem meiner Söhne zu vermählen.«

Der Ägypter schwankte. Eine solche Gelegenheit würde sich nie wieder bieten. Schließlich willigte er ein.

Die Prägeanstalten des Kaisers wurden angewiesen, Tag und Nacht Kupfermünzen herzustellen. Der Magier begab sich in sein Privathaus. Das mehrstöckige Gebäude war nur auf der Seite zum Teufelsbach bewohnbar. Das obere Stockwerk war der Tochter vorbehalten. Das Mädchen verfügte über mehrere reich ausgestattete Zimmer und einen Wintergarten. Das Haus durfte es aber nicht verlassen.

Die junge Dame war gerade fünfzehn geworden, voll entwickelt und reizvoll gebaut. Der Vater kleidete sie in Samt und Seide, an den Armen trug sie Armbänder und Ringe, ihr Gesicht war hinter einem dichten Schleier verborgen. Sie wusste, dass sie sehr schön war und diese seltene Schönheit nicht zeigen durfte.

Sie war ohne Gesellschaft von Gleichaltrigen aufgewachsen, behütet und umsorgt von einer alten Dienerin. Schon als kleines Kind war sie von der Einmaligkeit ihrer Schönheit überzeugt gewesen. Vom Vater wurde sie verwöhnt und es gab nichts, was er ihr nicht kaufte. Spielzeug besaß sie im Übermaß.

Früh entdeckte sie den Reiz von Kristallen, später wurde ihr der Zauber edler Steine bewusst. Sie verlangte danach und bekam sie. Erst die Quarze, wie

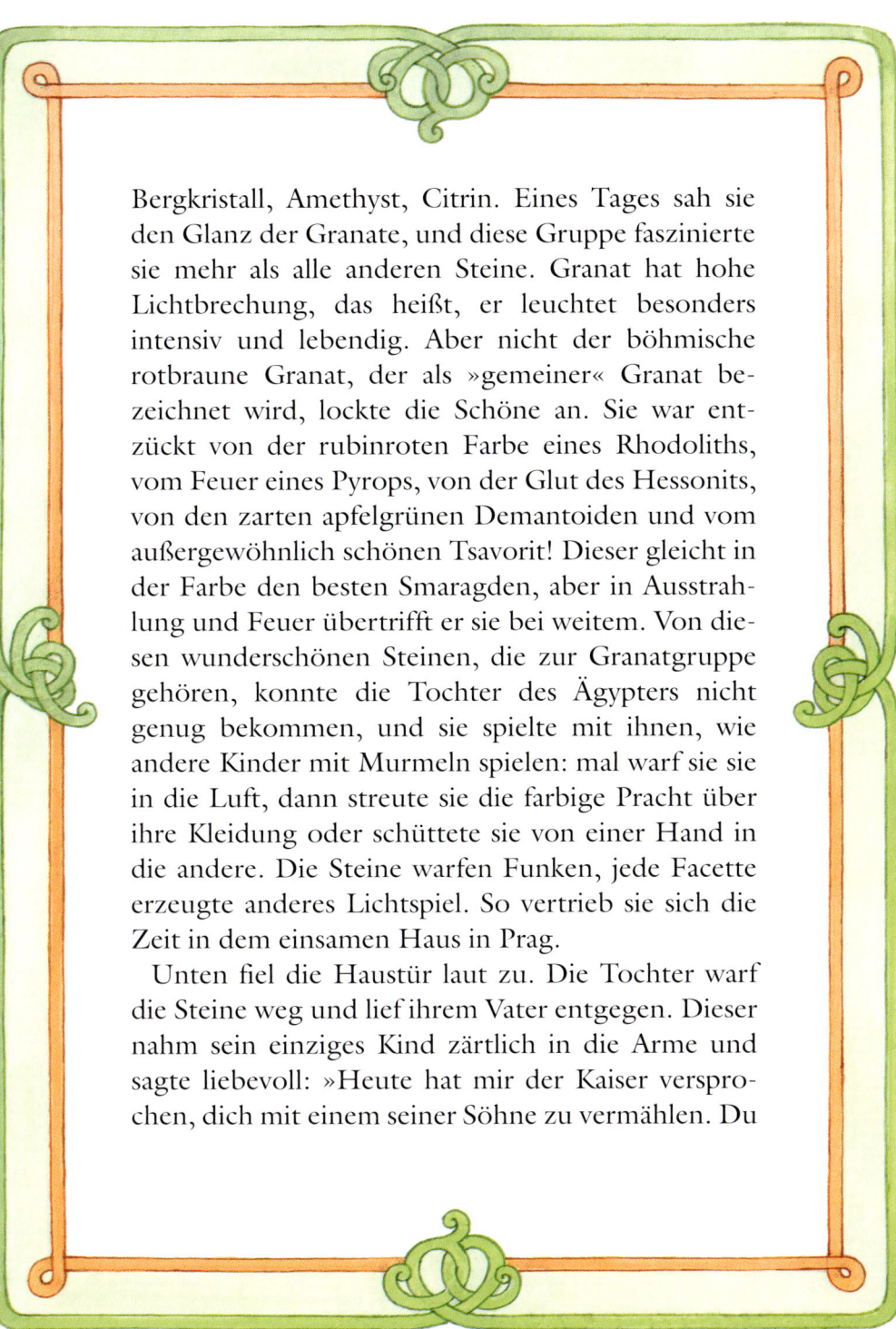

Bergkristall, Amethyst, Citrin. Eines Tages sah sie
den Glanz der Granate, und diese Gruppe faszinierte
sie mehr als alle anderen Steine. Granat hat hohe
Lichtbrechung, das heißt, er leuchtet besonders
intensiv und lebendig. Aber nicht der böhmische
rotbraune Granat, der als »gemeiner« Granat bezeichnet wird, lockte die Schöne an. Sie war entzückt von der rubinroten Farbe eines Rhodoliths,
vom Feuer eines Pyrops, von der Glut des Hessonits,
von den zarten apfelgrünen Demantoiden und vom
außergewöhnlich schönen Tsavorit! Dieser gleicht in
der Farbe den besten Smaragden, aber in Ausstrahlung und Feuer übertrifft er sie bei weitem. Von diesen wunderschönen Steinen, die zur Granatgruppe
gehören, konnte die Tochter des Ägypters nicht
genug bekommen, und sie spielte mit ihnen, wie
andere Kinder mit Murmeln spielen: mal warf sie sie
in die Luft, dann streute sie die farbige Pracht über
ihre Kleidung oder schüttete sie von einer Hand in
die andere. Die Steine warfen Funken, jede Facette
erzeugte anderes Lichtspiel. So vertrieb sie sich die
Zeit in dem einsamen Haus in Prag.

Unten fiel die Haustür laut zu. Die Tochter warf
die Steine weg und lief ihrem Vater entgegen. Dieser
nahm sein einziges Kind zärtlich in die Arme und
sagte liebevoll: »Heute hat mir der Kaiser versprochen, dich mit einem seiner Söhne zu vermählen. Du

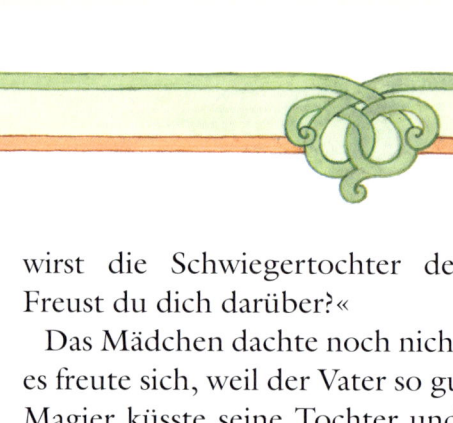

wirst die Schwiegertochter des Kaisers werden! Freust du dich darüber?«

Das Mädchen dachte noch nicht ans Heiraten, aber es freute sich, weil der Vater so guter Laune war. Der Magier küsste seine Tochter und begab sich in den Keller. Er nahm das Siegel von der Falltür ab, öffnete sie und rief einen Namen. Der Böse zeigte sich.

»Der Kaiser braucht Gold. Du musst noch einmal Gold herzaubern!«

Der Teufel beeilte sich nicht mit der Antwort. »Zweimal habe ich dir bereits geholfen und aus Kupfer Gold gemacht, was zahlst du mir dieses Mal für meine Dienste?«

»Ich lasse dich wieder für vierundzwanzig Stunden heraus. Aber dieses Mal darf es weder einen Krieg noch eine Seuche geben!«

»Auch ich habe genug von diesen Spielereien«, sagte der Ankömmling aus der Hölle.

»Was willst du also?«

»In diesem Hause verbirgst du eine schöne Jungfrau. Ich will sie haben!«, verlangte der Teufel.

»Nein! Hier ist keine Frau, nur ein Kind, meine Tochter.«

»Dann zeige sie mir!«, forderte der Bewohner der Unterwelt.

»Nein! Weg mit dir, Satan! Dieser Handel ist mir zu teuer!«

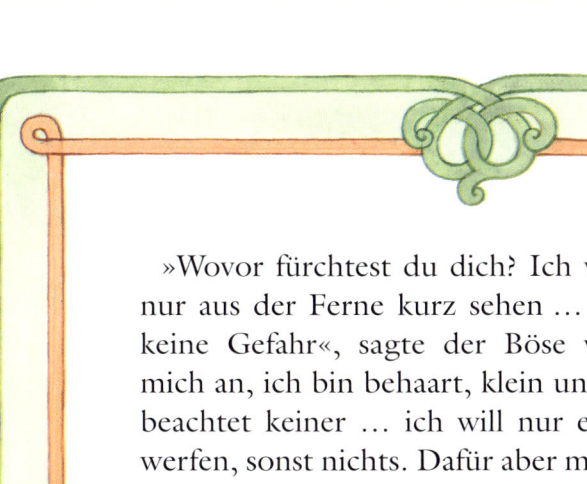

»Wovor fürchtest du dich? Ich will sie nur sehen, nur aus der Ferne kurz sehen … Es besteht für sie keine Gefahr«, sagte der Böse verschlagen, »sieh mich an, ich bin behaart, klein und hässlich … mich beachtet keiner … ich will nur einen Blick auf sie werfen, sonst nichts. Dafür aber mache ich dir so viel Gold, wie du verlangst!«

Der Ägypter blieb unentschlossen und der Unhold fuhr listig fort: »Es besteht nicht die geringste Gefahr für deine Tochter, sie wird nicht einmal merken, dass ich sie gesehen habe. Wir sind neun Brüder, deshalb heißt das Haus auch »Zu den neun Teufeln«. Du lässt uns für ein paar Stunden heraus. Meine Brüder gehen in die Stadt, sie werden keinen Unfug treiben. Ich bleibe zurück, werfe nur einen kurzen Blick auf deine Tocher und folge sogleich den Brüdern nach. Da ist doch nichts dabei!«

Der Magier nickte.

Der Kaiser hatte bereits eine Menge Kupfermünzen in die Werkstatt des Fremden bringen lassen. Der Teufel ging ans Werk.

Als alle Kupfermünzen in glänzendes Gold verwandelt waren, verlangte der Böse seine Bezahlung. Der Magier musste sein Versprechen einlösen. Er öffnete die Falltür. Neun Teufel kamen heraus, acht eilten aus dem Haus, der neunte blieb. Er ging die Treppe zum ersten Stock hinauf. Die Tür wurde

geöffnet, und ein bezauberndes junges Mädchen kam heraus. Blitzschnell nahm der Böse eine andere Gestalt an: Da stand nicht mehr das abstoßende, haarige Wesen, sondern ein hinreißend attraktiver Jüngling. Das Mädchen traute seinen Augen nicht. Der junge Mann vor ihr war so unwiderstehlich verführerisch, dass sie stehen blieb und ihn voller Bewunderung anstarrte. Er kam einige Schritte näher, und seine Stimme klang wie Musik, als er sagte: »Zeig mir dein Gesicht, wunderbares Mädchen!«

Die junge Ägypterin hatte ihr Spiegelbild noch nie gesehen. In keinem ihrer Häuser gab es Spiegel, es wurde immer nur von ihrer außergewöhnlichen Schönheit gesprochen. Der Jüngling gefiel ihr so gut, dass sie sich den Schleier herunterriss.

Der Teufel machte einen Satz rückwärts, wurde wieder klein, behaart und furchtbar hässlich … das Mädchen hatte kein Gesicht! Nur ein Loch anstelle des Mundes und zwei Löcher als Augen.

Der Höllenbewohner lief davon, er war fuchsteufelswild: »Na warte!«, zischte er wütend, »das zahle ich dir heim, du Betrüger!«

Schon kam der Diener angelaufen, sah seine Herrin ratlos dastehen, bedeckte ihr Gesicht wieder mit dem Schleier und flüsterte ihr die alten Worte der Lüge zu: »Beruhige dich, nicht jeder vermag deine

Schönheit zu verkraften! Auch dieser nicht …«

»Warum ist er denn davongelaufen? … Wer war er? Hol ihn zurück!«

Alle Münzen verwandelten sich im Nu in Kupfer zurück. Der Kaiser war so arm wie zuvor. Er schickte nach dem Ägypter, befahl ihn sofort zu sich, aber der Magier war verschwunden. Im Schutz der Dunkelheit verbarg er sich mit seiner Tochter und der Dienerschaft in einem der unterirdischen Gänge und floh unbemerkt aus dem Land. Man hat nie wieder von ihm gehört.

»Das Haus zu den neun Teufeln« steht immer noch am Teufelsbach und im Keller befindet sich die Falltür in die Unterwelt …

SCHLAFENDE PERLE

Irgendwo inmitten des Stillen Ozeans, der nur aus Versehen so benannt wurde und treffender als Stürmischer Ozean bezeichnet werden sollte, lagen verloren einige kleine Inseln. Von der Zivilisation unberührt, von neugierigen Touristen nicht entdeckt, lebten die Bewohner der Insel friedlich und sorglos. Von allen Seiten umgab sie weites Meer und die ganze Fülle an tropischer Pracht der Flora und Fauna.

Die Inseln regierte ein König, der einen Sohn im heiratsfähigen Alter hatte. Der Vater wünschte, dass sein Junge eine Frau nehmen sollte, und suchte für ihn immer neue, hübsche Mädchen aus. Der Sohn aber wehrte sich und lehnte sie alle ab, da er sich nicht binden wollte.

So war es auch an diesem Tag. Der Vater bot eine neue Heiratskandidatin an, der Sohn wies sie zurück. Es kam zu einem Streit. Am Schluss lief der Junge zum Strand, sprang in sein Boot und ruderte hinaus aufs Meer. Er war verärgert, suchte die Auseinandersetzung mit dem Vater zu vergessen und sich zu beruhigen. Schließlich konnte er seinem Vater nicht erklären, dass seit mehreren Monaten das Bild eines unbekannten Mädchens seine Gedanken beherrschte und ihm die Ruhe raubte, und dass seine Sehnsucht nach diesem unbekannten Wesen von Tag zu Tag mächtiger wurde.

Der junge Mann war so weit gerudert, dass er nur noch Wasser um sich sah. Die Sonne brannte, silbriggleißend spiegelte die Oberfläche des Meeres, sanft schaukelten die Wellen sein Boot. Der Junge schloss die Augen und begann zu träumen …

Er liebte die Natur, er liebte die grenzenlose Weite des Meeres. Er liebte es in seiner freundlichen, behutsamen Art und an stürmischen Tagen, wenn die Wellen wie hohe, drohende Wände dem Ufer zustrebten, sich dort mit Getöse brachen und zischend, knurrend zurückwichen … Er liebte nicht minder auch die geheimnisvolle Welt unter Wasser, ihre Formen, ihre Farben und ihren Zauber. Er kannte viele Fischarten, und ihre Vielgestaltigkeit und Buntheit erfreuten ihn immer aufs Neue. Blaue Seesterne und rote Seeigel glichen mehr kostbaren Mineralien als den Lebewesen. Nach oben, dem

Lichte und der Wasseroberfläche zu, strebten die Korallen. Es gab sie in Weiß, es gab rosafarbene, die man im Westen als Engelshautkoralle bezeichnet, es gab sie in Schwarz und in sattem Rot. Diese letzte Art nennen die Italiener Morokoralle.

Das Meer beschenkte von alters her die Menschen nicht nur mit Nahrung, sondern auch mit Kostbarkeiten wie Bernstein, Perlmutt, Korallen und wunderschönen, farbigen Perlen.

Der Junge merkte nicht einmal, wie er einschlief. Die Wellen aber trugen sein Boot weiter und immer weiter …

Plötzlich stieß sein Kahn unter Wasser an und er öffnete die Augen. Endlos war die Weite des Meeres um ihn herum. Er sah sich um. Unter seinem Boot war das Wasser nicht tief und kristallklar. Die Strahlen der Sonne drangen bis auf den Grund, der Junge erblickte eine Sandlichtung, umgeben von einem Kranz Morokorallen. Bunte Fische glitten dazwischen hindurch, in der Mitte lagen einige große offene Muscheln und in jeder schlief ein Mädchen. Sie alle waren lieblich anzusehen und da … erblickte er sie! Das war sie, das schöne Geschöpf, von welchem er träumte, nach welchem er sich sehnte. Er sprang über Bord und tauchte in die Tiefe. Die Morokorallen nahmen eine drohende Haltung an, richteten die scharfen Stacheln gegen ihn und zerkratzten seine Haut. Die Muscheln schlossen sich und vergruben sich im Sand. Aber dem Eindringling gelang es

trotzdem, die gesuchte Muschel zu ergreifen und in sein Boot zu heben.

Nun lag sie da, fest verschlossen und kalt. Mit Mühe gelang es ihm, sie zu öffnen, aber … das Mädchen war nicht mehr da. Stattdessen lag vor ihm eine große, wunderschöne Perle! Der Junge schloss die Muschel, tauchte nochmals in die Tiefe und legte sie an ihren Platz zurück. Er war sehr enttäuscht.

Nun wusste er, dass das Mädchen, nach dem er suchte, lebte. Es gab die Schöne aus seinen Träumen wirklich, aber wie sollte er sie erwecken? Wie sie für sich gewinnen? Ab da ruderte er tagtäglich aufs Meer hinaus, suchte nach der Stelle, wo er die Muschel gesehen hatte und fand sie nicht. Riesengroß war der Ozean und sein Boot so winzig klein. Die Gesuchte unter Wasser war unauffindbar.

In seiner seelischen Bedrängnis suchte er Rat bei einem Medizinmann. Der alte Weise hörte ihn an und antwortete: »Warum fragst du deine Großmutter nicht?« Mehr war nicht aus ihm herauszukriegen. Der Jüngling begab sich zu seiner Großmutter.

Diese war weder überrascht noch erstaunt, als sie seine Geschichte hörte, und sie sagte gelassen: »Du bist nicht der Erste, der eine Meeresperle heiraten möchte. Einer deiner Vorfahren holte sich ein Mädchen aus der Tiefe des Meeres. Wenn ich mich recht entsinne, so tat er das folgendermaßen: Er flocht einen Korb, füllte ihn mit duftenden Blüten und ruderte aufs Meer hinaus. Dort hob er die Muschel und versenkte sie in den Korb mit den Blüten. Versuche auch du, es so zu machen, bring sie her und warte dann, was geschieht.«

»Aber wie erwecke ich sie zum Leben, Großmutter?«

»Sei nicht so ungeduldig, mein Junge, tu einfach alles, wie ich dir gesagt habe und warte ab. Und jetzt geh!«

Der Junge umarmte die weise Frau und eilte davon. Am nächsten Tag ruderte er hinaus. In seinem Boot stand ein großer Korb voller duftender Blütenblätter.

Als er weit genug vom Ufer entfernt war, holte er die Ruder ein und überließ das Boot seinem Schicksal. Dieses schaukelte sanft dahin, unmerklich, langsam – dann blieb es stehen. Der Junge wartete, aber das Boot bewegte sich nicht weiter. Er blickte über Bord: Unter ihm war klares Wasser, eine Sandlichtung, umgeben von Morokorallen, und in der Mitte lagen mehrere Muscheln. Der junge Mann zögerte und blickte hinunter … das Mädchen in einer der Muscheln öffnete kurz die Augen und lächelte ihm zu … Er sprang in die Tiefe.

Behutsam holte er die kostbare Last in sein Boot und legte sie in den Korb mit den Blüten. Dann ruderte er zurück.

Als er gegen Abend die Insel erreichte, verbarg er den Korb im Garten im Schatten dichter Bäume und blieb in der Nähe. Die Blüten welkten nicht, sie verströmten ihren lieblichen Duft nach wie vor. Der Junge wachte und wartete. So verstrichen einige Tage. Eines Abend jedoch, ermüdet vom vielen Wachen, schlief er fest ein. In dieser Nacht sah und hörte er nichts.

Ein strahlender Morgen, voller Licht und Blumenduft, brach an. Laut sangen die Vögel im Garten. Der Junge öffnete die Augen und sah sich um. Neben ihm saß eine so entzückende Jungfrau, dass ihm der Atem stockte. Zart war sie, lieblich und sanft. Sie war es, das Mädchen aus seinem Traum, seine erlöste Meeresperle. Der junge Mann sprang auf und nahm die Geliebte in die Arme. Bei seiner Berührung verwandelte sie sich nicht in eine Perle, sie wies ihn nicht ab, sondern wandte sich ihm vertrauensvoll zu.

Als er wenig später seine Braut dem Vater vorstellte und dieser das Mädchen ansah, war er sogleich mit der Wahl seines Sohnes einverstanden.

Etwas Seltsames geschah bei der Hochzeitsfeier. Aus dem Nichts tauchten einige Mädchen auf, von der gleichen zarten Statur und fast so schön wie die Braut. Sie gingen zum Brautpaar, sprachen ihre Glückwünsche aus und legten Perlen vor ihren Füßen nieder. Wunderschöne, kostbare Perlen in Weiß, Rosa, Hellgrün und Creme. »Das sind meine Schwestern. Sie nehmen Abschied von mir«, erklärte die Braut. Die Gratulantinnen entfernten sich, tauchten ins Meer und verschwanden so plötzlich wie sie gekommen waren.

»Was für eine wunderschöne Geschichte, und ein so glückliches Ende!«, rief die Feenkönigin aus. »Was aber sind Perlen? Ich habe nie davon gehört. Wachsen sie so wie die Kristalle in deinem Reich?«

»Nein, Perlen entstehen im Wasser, in einer Muschel, im Fluss oder Meer.«

»Aber sie werden in deiner Werkstatt geschliffen und bearbeitet, nicht wahr?«

»Perlen werden nur durchbohrt oder gefasst, nicht geschliffen. Sie bestehen aus Kalk, sind sehr weich und deshalb empfindlich.«

»Kalk ist etwas sehr Einfaches, Gewöhnliches. Perlen sind also wertlos?«

»Nein. Eine Perle ist wunderbar und einzigartig. Sie ist unaufdringlich sanft und besitzt eine Ausstrahlung, die jeden Kenner verzaubert.«

»Obwohl sie aus Kalk besteht?«

»Ja! Ich werde dir Perlen zeigen, und ich bin sicher, sie werden dich entzücken. Es gibt Perlen in vielen Farben und Formen: Aus Japan kommen hellgrüne Perlen, aus Ceylon zartgelbe, aus Indien solche von hellrosa Farbe. Auch eine schwarze oder graue Perle kann zu vollkommener Schönheit erblühen.«

»Ich glaube, sie würden mir auch gefallen. Aber bevor du sie mir zeigst, möchte ich eine weitere Geschichte hören.«

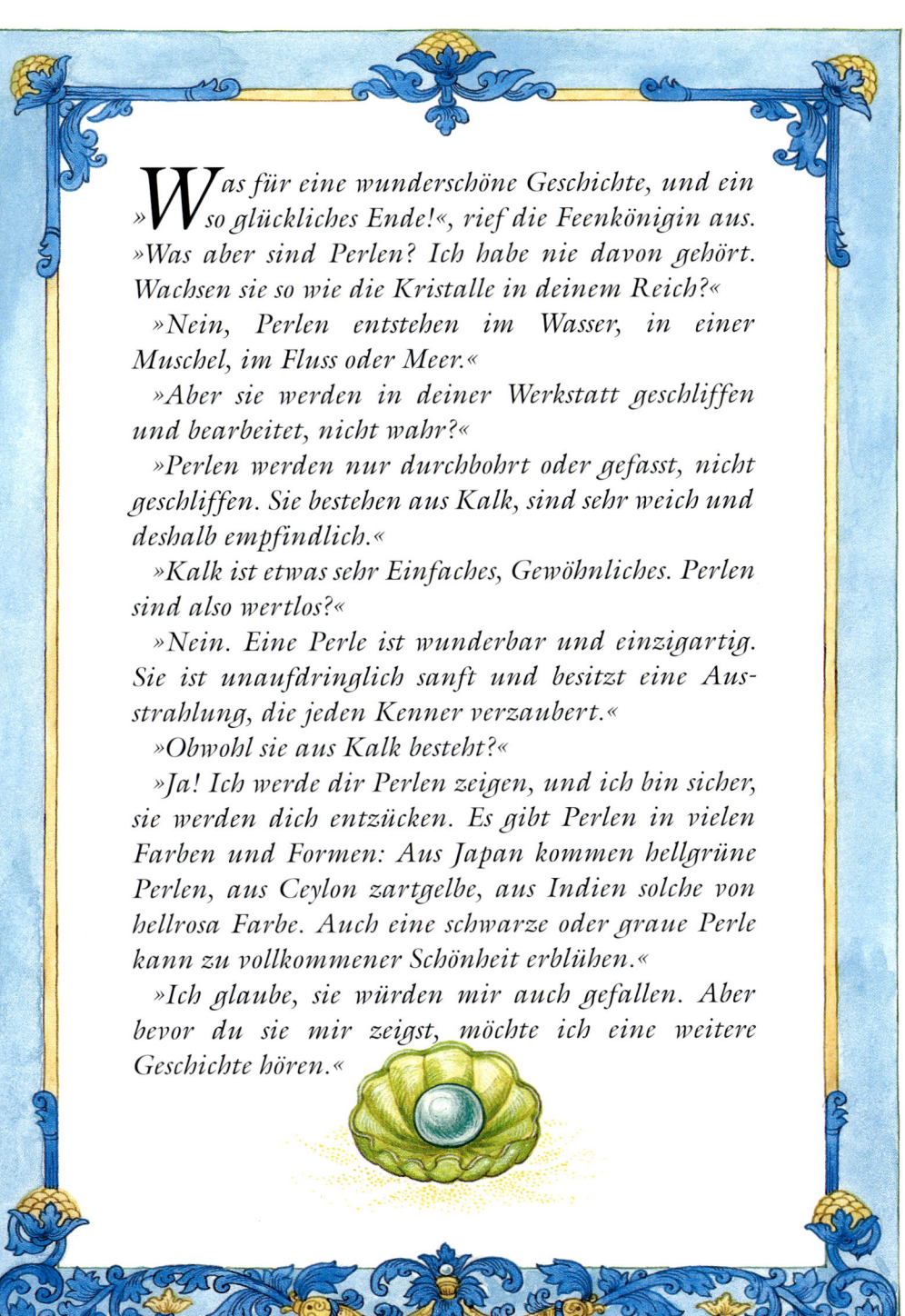

Heilende Kristalle

In einer kleinen Stadt lebte ein junger Wissenschaftler in einem engen, winzigen Kämmerlein. Er war etwas scheu, verließ seine Wohnung nicht gerne und fühlte sich am wohlsten an seinem Schreibtisch, umgeben von vielen Büchern. An Jahren war er jung, aber an Wissen und Können bereits alt. Seine Kenntnisse waren in vielen Bereichen außergewöhnlich.

Da geschah es, dass dieser kluge Mann eines Tages schwer erkrankte. Lange musste er das Bett hüten,

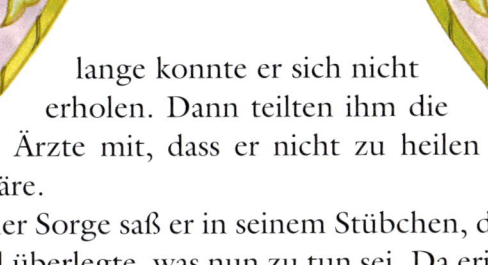

lange konnte er sich nicht
erholen. Dann teilten ihm die
Ärzte mit, dass er nicht zu heilen
wäre.

Voller Sorge saß er in seinem Stübchen, dachte
nach und überlegte, was nun zu tun sei. Da erinnerte er
sich an die farbigen Räume mit Heilwirkung, von
denen er gehört hatte. Sie lagen irgendwo im Gebirge.
Wo sie zu finden waren, wusste er nicht, nur, dass die
Berge dort grau und zerklüftet aussahen und völlig
unzugänglich waren.

Er packte einen Rucksack und fuhr in die Alpen. So
begann seine Wanderung auf der Suche nach den heil-
bringenden, farbigen Räumen.

Mal ging er, mal fuhr er, übernachtete bei den Berg-
bauern und fragte überall nach der gesuchten Gegend.
Niemand wusste eine Antwort. Die Bewegung an der
frischen Luft tat ihm gut, seine Gesundheit festigte sich,
sein blasses Gesicht bekam Farbe.

Eines Abends betrat er eine Siedlung hoch in den Bergen. Der ganze Ort bestand aus einer einzigen Straße,
die sich an einer Schlucht entlangwand. Die einfachen
Häuser waren an die Feldwand gebaut. Vor jeder Tür
saß ein Mann, der schweigend in die Ferne blickte. Der
Fremde grüßte und bat um ein Nachtquartier. Der
Dorfälteste nahm ihn auf.

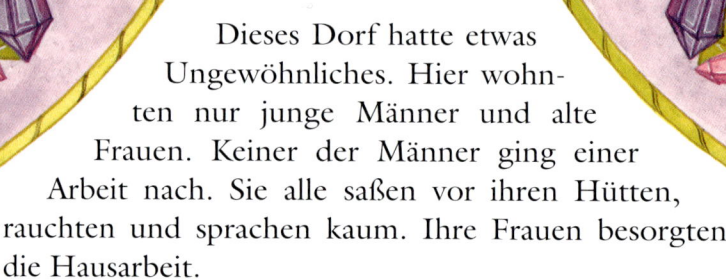

Dieses Dorf hatte etwas Ungewöhnliches. Hier wohnten nur junge Männer und alte Frauen. Keiner der Männer ging einer Arbeit nach. Sie alle saßen vor ihren Hütten, rauchten und sprachen kaum. Ihre Frauen besorgten die Hausarbeit.

Der Ankömmling beschloss, einige Tage hier zu bleiben, um sich von der langen Wanderung auszuruhen. Kaum war er zwei Tage da, als in den Reihen der Männer Unruhe entstand. Am Abend packten sie ihr Werkzeug und gingen fort. Die Frauen begannen zu beten …

Irgendwo mussten sie in der Nacht Geld verdient haben, denn am darauf folgenden Abend gab es reichlich zu essen und zu trinken. Auf den Tischen standen auch Speisen, die sonst bei den Bauern nicht üblich sind. Die Neugierde des Forschers war geweckt. Da seine Fragen mit Schweigen übergangen wurden, begann er die Umgebung zu beobachten.

Die Männer saßen wieder vor ihren Türen und blickten irgendwohin in die Ferne. Wohin denn nur? Die Bergkette gegenüber war hellgrau, zerklüftet und völlig unzugänglich …

Eines Tages fiel ein Schatten auf die Häuser der Siedlung und nahm die Form einer geballten Faust an. Die Männer sahen sich an und standen auf.

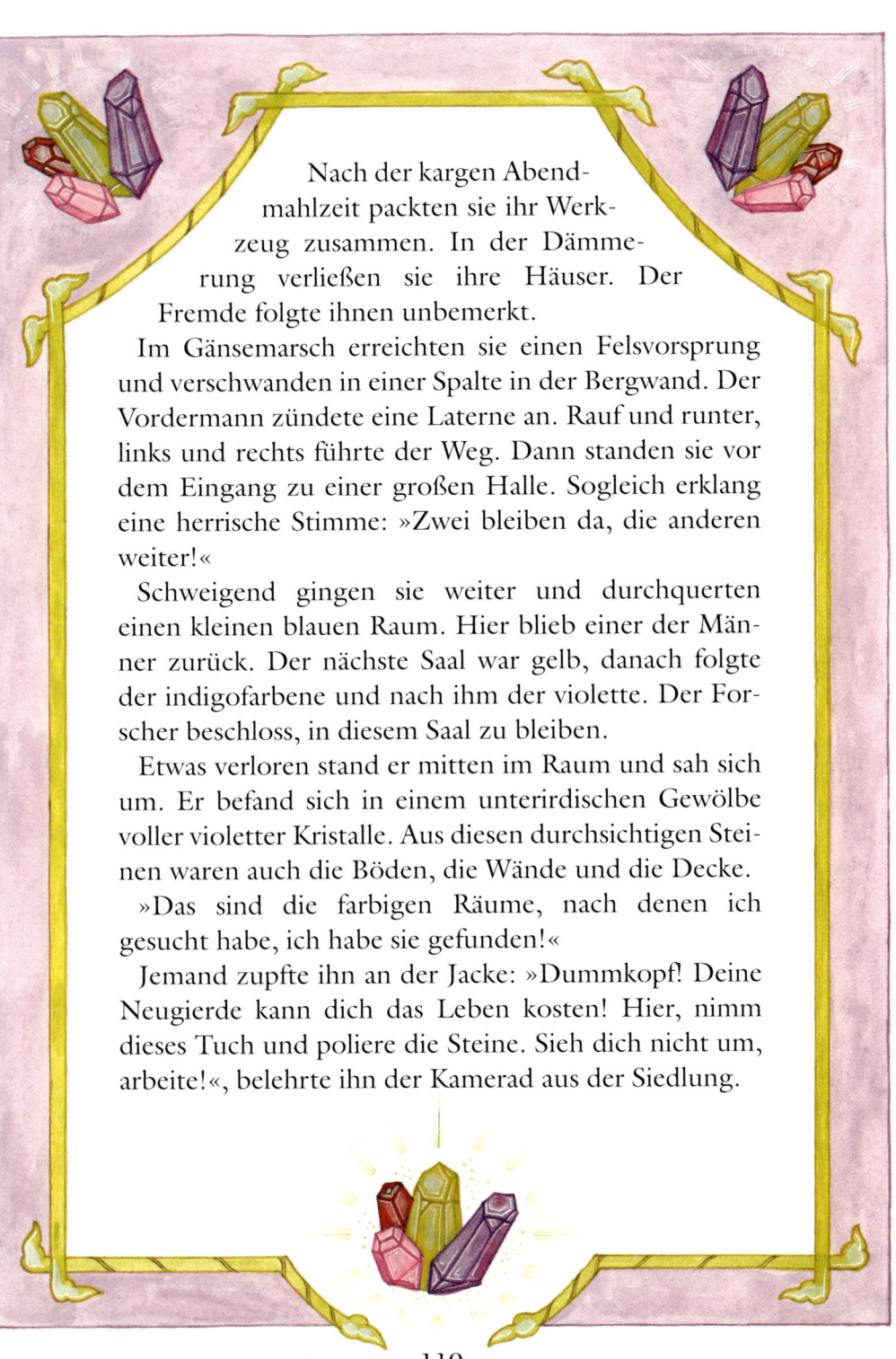

Nach der kargen Abend-
mahlzeit packten sie ihr Werkzeug zusammen. In der Dämmerung verließen sie ihre Häuser. Der
Fremde folgte ihnen unbemerkt.

Im Gänsemarsch erreichten sie einen Felsvorsprung und verschwanden in einer Spalte in der Bergwand. Der Vordermann zündete eine Laterne an. Rauf und runter, links und rechts führte der Weg. Dann standen sie vor dem Eingang zu einer großen Halle. Sogleich erklang eine herrische Stimme: »Zwei bleiben da, die anderen weiter!«

Schweigend gingen sie weiter und durchquerten einen kleinen blauen Raum. Hier blieb einer der Män-ner zurück. Der nächste Saal war gelb, danach folgte der indigofarbene und nach ihm der violette. Der For-scher beschloss, in diesem Saal zu bleiben.

Etwas verloren stand er mitten im Raum und sah sich um. Er befand sich in einem unterirdischen Gewölbe voller violetter Kristalle. Aus diesen durchsichtigen Stei-nen waren auch die Böden, die Wände und die Decke.

»Das sind die farbigen Räume, nach denen ich gesucht habe, ich habe sie gefunden!«

Jemand zupfte ihn an der Jacke: »Dummkopf! Deine Neugierde kann dich das Leben kosten! Hier, nimm dieses Tuch und poliere die Steine. Sieh dich nicht um, arbeite!«, belehrte ihn der Kamerad aus der Siedlung.

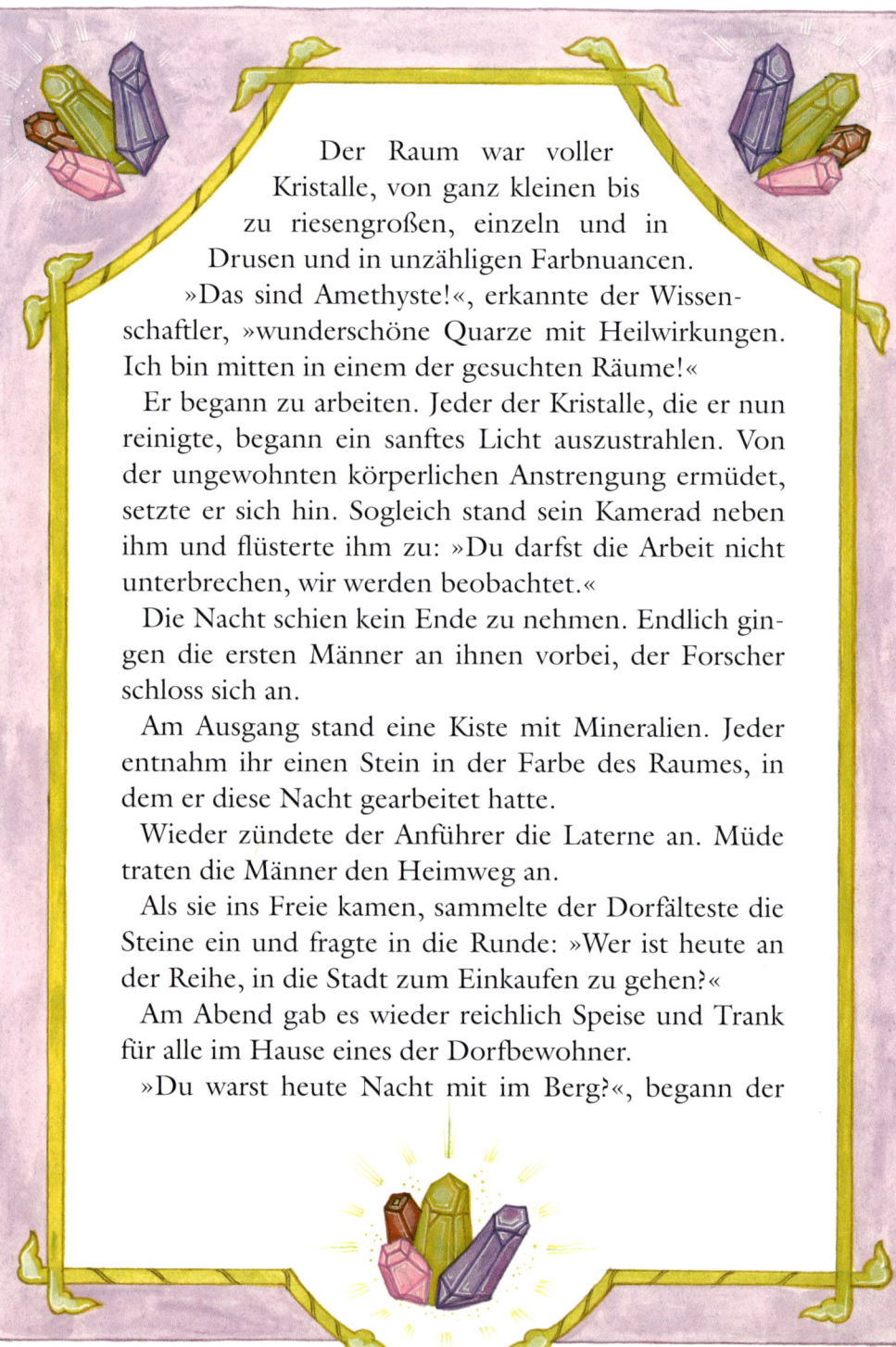

Der Raum war voller Kristalle, von ganz kleinen bis zu riesengroßen, einzeln und in Drusen und in unzähligen Farbnuancen.

»Das sind Amethyste!«, erkannte der Wissenschaftler, »wunderschöne Quarze mit Heilwirkungen. Ich bin mitten in einem der gesuchten Räume!«

Er begann zu arbeiten. Jeder der Kristalle, die er nun reinigte, begann ein sanftes Licht auszustrahlen. Von der ungewohnten körperlichen Anstrengung ermüdet, setzte er sich hin. Sogleich stand sein Kamerad neben ihm und flüsterte ihm zu: »Du darfst die Arbeit nicht unterbrechen, wir werden beobachtet.«

Die Nacht schien kein Ende zu nehmen. Endlich gingen die ersten Männer an ihnen vorbei, der Forscher schloss sich an.

Am Ausgang stand eine Kiste mit Mineralien. Jeder entnahm ihr einen Stein in der Farbe des Raumes, in dem er diese Nacht gearbeitet hatte.

Wieder zündete der Anführer die Laterne an. Müde traten die Männer den Heimweg an.

Als sie ins Freie kamen, sammelte der Dorfälteste die Steine ein und fragte in die Runde: »Wer ist heute an der Reihe, in die Stadt zum Einkaufen zu gehen?«

Am Abend gab es wieder reichlich Speise und Trank für alle im Hause eines der Dorfbewohner.

»Du warst heute Nacht mit im Berg?«, begann der

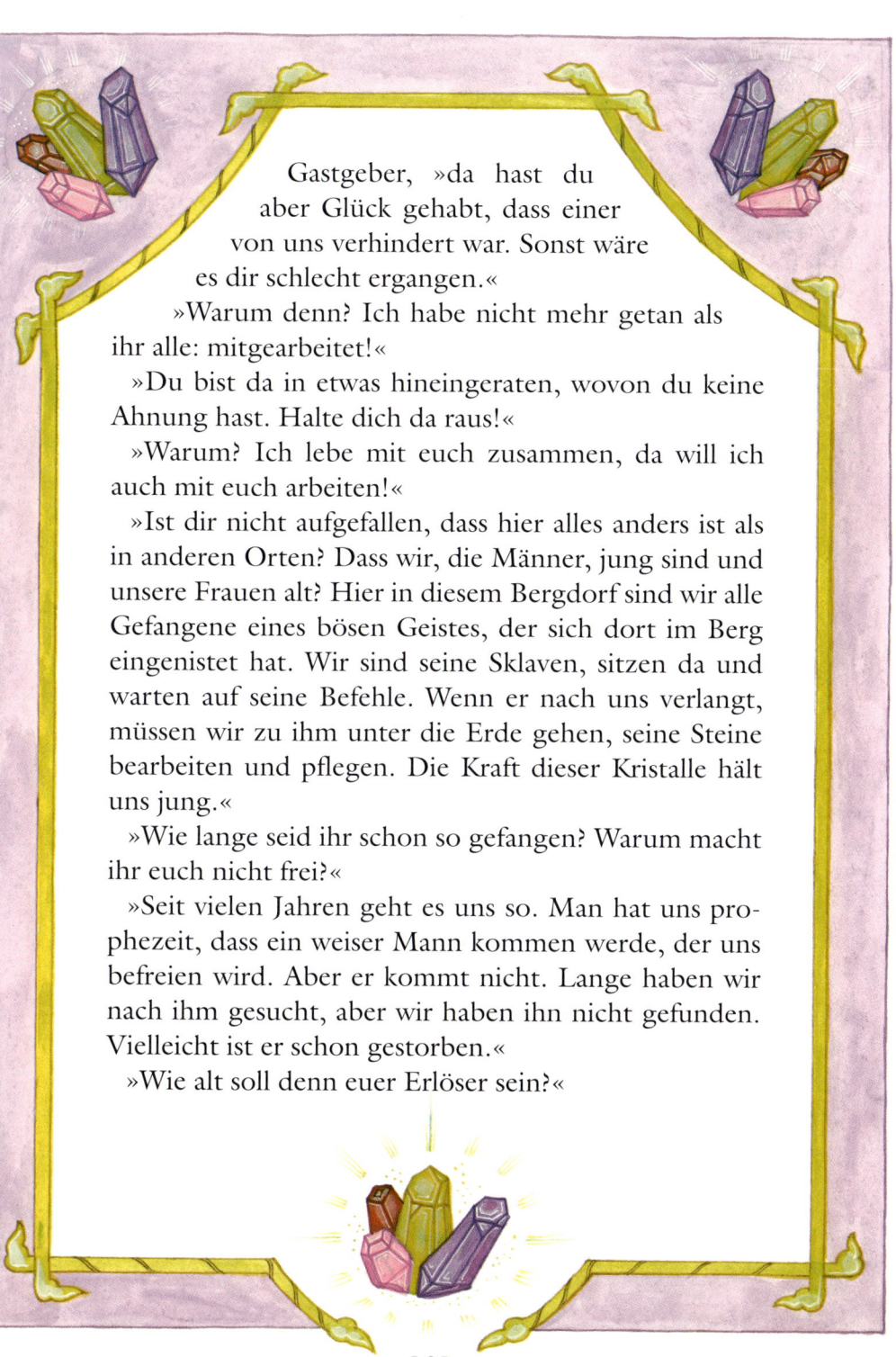

Gastgeber, »da hast du aber Glück gehabt, dass einer von uns verhindert war. Sonst wäre es dir schlecht ergangen.«

»Warum denn? Ich habe nicht mehr getan als ihr alle: mitgearbeitet!«

»Du bist da in etwas hineingeraten, wovon du keine Ahnung hast. Halte dich da raus!«

»Warum? Ich lebe mit euch zusammen, da will ich auch mit euch arbeiten!«

»Ist dir nicht aufgefallen, dass hier alles anders ist als in anderen Orten? Dass wir, die Männer, jung sind und unsere Frauen alt? Hier in diesem Bergdorf sind wir alle Gefangene eines bösen Geistes, der sich dort im Berg eingenistet hat. Wir sind seine Sklaven, sitzen da und warten auf seine Befehle. Wenn er nach uns verlangt, müssen wir zu ihm unter die Erde gehen, seine Steine bearbeiten und pflegen. Die Kraft dieser Kristalle hält uns jung.«

»Wie lange seid ihr schon so gefangen? Warum macht ihr euch nicht frei?«

»Seit vielen Jahren geht es uns so. Man hat uns prophezeit, dass ein weiser Mann kommen werde, der uns befreien wird. Aber er kommt nicht. Lange haben wir nach ihm gesucht, aber wir haben ihn nicht gefunden. Vielleicht ist er schon gestorben.«

»Wie alt soll denn euer Erlöser sein?«

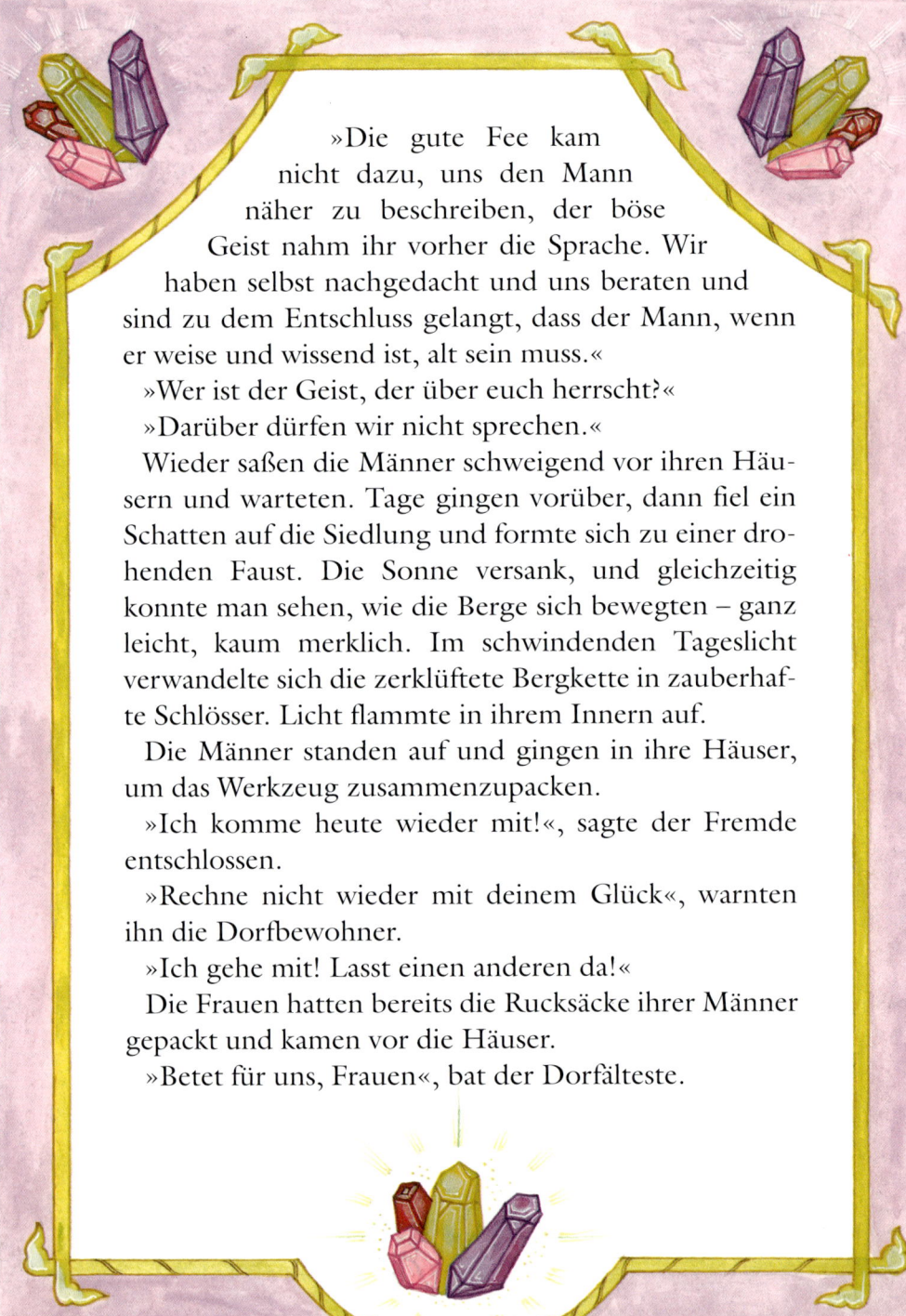

»Die gute Fee kam nicht dazu, uns den Mann näher zu beschreiben, der böse Geist nahm ihr vorher die Sprache. Wir haben selbst nachgedacht und uns beraten und sind zu dem Entschluss gelangt, dass der Mann, wenn er weise und wissend ist, alt sein muss.«

»Wer ist der Geist, der über euch herrscht?«

»Darüber dürfen wir nicht sprechen.«

Wieder saßen die Männer schweigend vor ihren Häusern und warteten. Tage gingen vorüber, dann fiel ein Schatten auf die Siedlung und formte sich zu einer drohenden Faust. Die Sonne versank, und gleichzeitig konnte man sehen, wie die Berge sich bewegten – ganz leicht, kaum merklich. Im schwindenden Tageslicht verwandelte sich die zerklüftete Bergkette in zauberhafte Schlösser. Licht flammte in ihrem Innern auf.

Die Männer standen auf und gingen in ihre Häuser, um das Werkzeug zusammenzupacken.

»Ich komme heute wieder mit!«, sagte der Fremde entschlossen.

»Rechne nicht wieder mit deinem Glück«, warnten ihn die Dorfbewohner.

»Ich gehe mit! Lasst einen anderen da!«

Die Frauen hatten bereits die Rucksäcke ihrer Männer gepackt und kamen vor die Häuser.

»Betet für uns, Frauen«, bat der Dorfälteste.

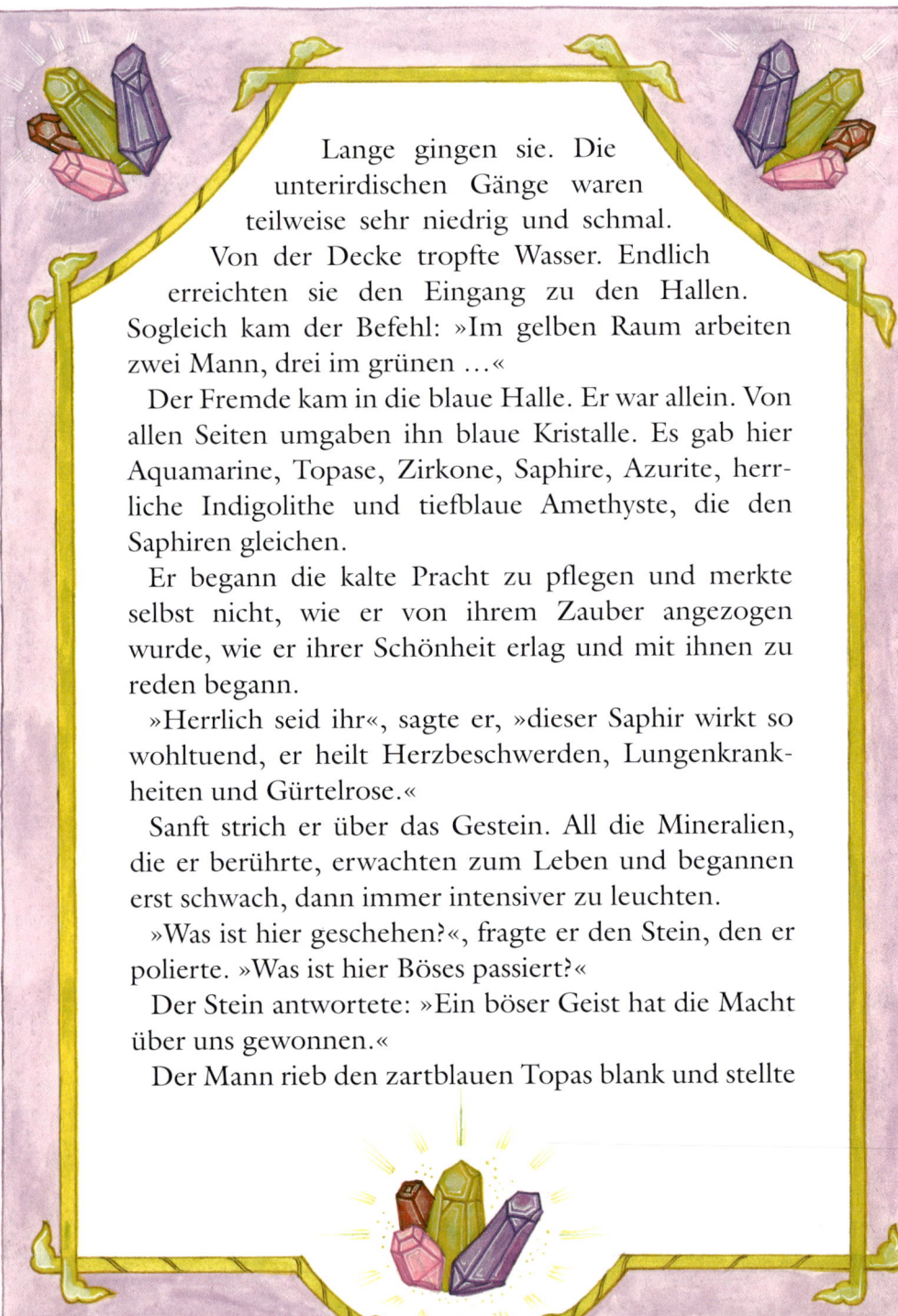

Lange gingen sie. Die unterirdischen Gänge waren teilweise sehr niedrig und schmal.

Von der Decke tropfte Wasser. Endlich erreichten sie den Eingang zu den Hallen. Sogleich kam der Befehl: »Im gelben Raum arbeiten zwei Mann, drei im grünen …«

Der Fremde kam in die blaue Halle. Er war allein. Von allen Seiten umgaben ihn blaue Kristalle. Es gab hier Aquamarine, Topase, Zirkone, Saphire, Azurite, herrliche Indigolithe und tiefblaue Amethyste, die den Saphiren gleichen.

Er begann die kalte Pracht zu pflegen und merkte selbst nicht, wie er von ihrem Zauber angezogen wurde, wie er ihrer Schönheit erlag und mit ihnen zu reden begann.

»Herrlich seid ihr«, sagte er, »dieser Saphir wirkt so wohltuend, er heilt Herzbeschwerden, Lungenkrankheiten und Gürtelrose.«

Sanft strich er über das Gestein. All die Mineralien, die er berührte, erwachten zum Leben und begannen erst schwach, dann immer intensiver zu leuchten.

»Was ist hier geschehen?«, fragte er den Stein, den er polierte. »Was ist hier Böses passiert?«

Der Stein antwortete: »Ein böser Geist hat die Macht über uns gewonnen.«

Der Mann rieb den zartblauen Topas blank und stellte

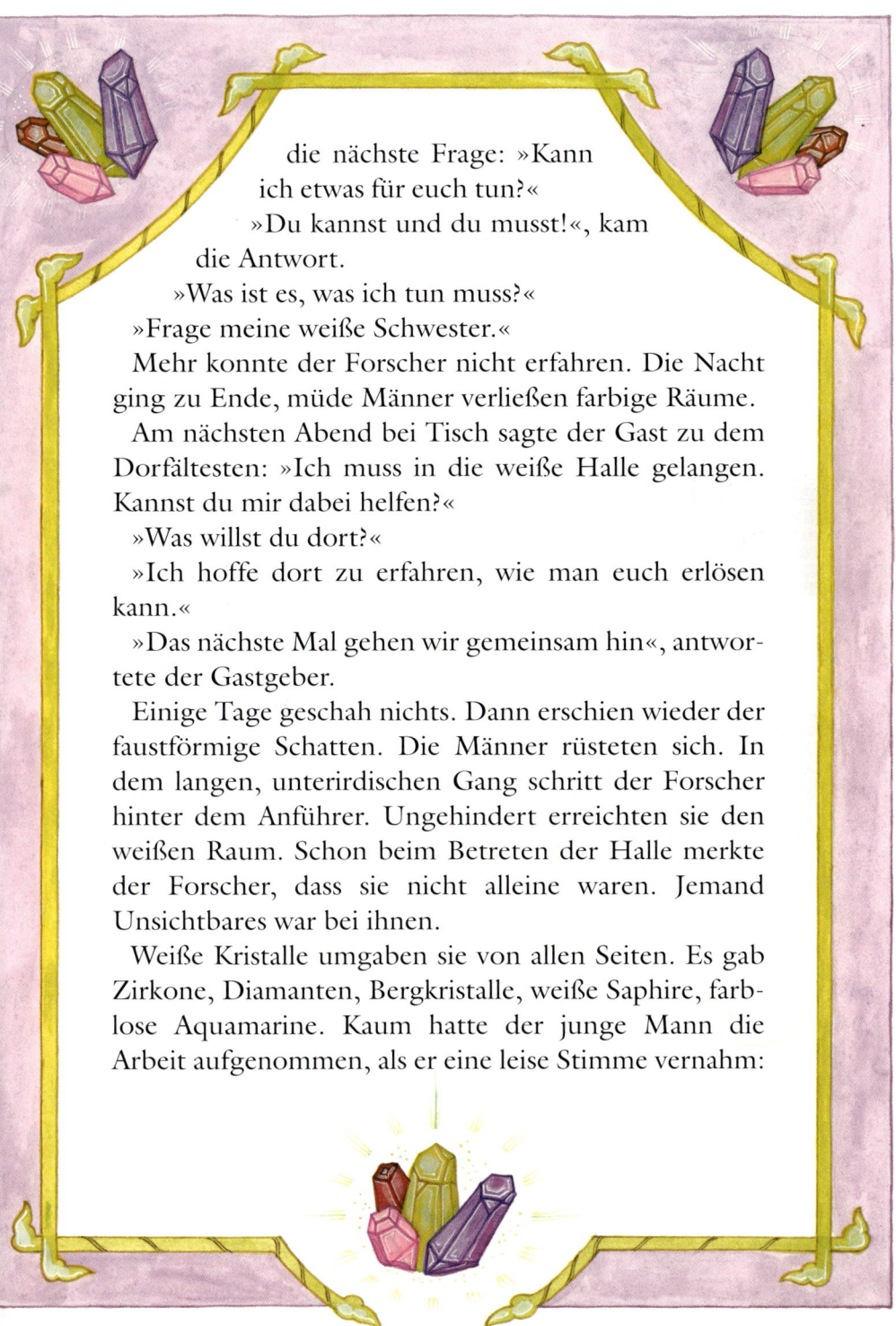

die nächste Frage: »Kann ich etwas für euch tun?«

»Du kannst und du musst!«, kam die Antwort.

»Was ist es, was ich tun muss?«

»Frage meine weiße Schwester.«

Mehr konnte der Forscher nicht erfahren. Die Nacht ging zu Ende, müde Männer verließen farbige Räume.

Am nächsten Abend bei Tisch sagte der Gast zu dem Dorfältesten: »Ich muss in die weiße Halle gelangen. Kannst du mir dabei helfen?«

»Was willst du dort?«

»Ich hoffe dort zu erfahren, wie man euch erlösen kann.«

»Das nächste Mal gehen wir gemeinsam hin«, antwortete der Gastgeber.

Einige Tage geschah nichts. Dann erschien wieder der faustförmige Schatten. Die Männer rüsteten sich. In dem langen, unterirdischen Gang schritt der Forscher hinter dem Anführer. Ungehindert erreichten sie den weißen Raum. Schon beim Betreten der Halle merkte der Forscher, dass sie nicht alleine waren. Jemand Unsichtbares war bei ihnen.

Weiße Kristalle umgaben sie von allen Seiten. Es gab Zirkone, Diamanten, Bergkristalle, weiße Saphire, farblose Aquamarine. Kaum hatte der junge Mann die Arbeit aufgenommen, als er eine leise Stimme vernahm:

»Du bist der Mann, der uns Erlösung bringt! Endlich hast du uns gefunden. Als du zum ersten Mal unser Reich betreten hast, haben wir an deiner Aura gesehen, dass du der Retter bist. Höre mir aufmerksam zu!«

Der Forscher neigte den Kopf und die Stimme fuhr fort: »Du befindest dich im Reich der Mineralien. Hier leben Feen, die diese Steine hüten und pflegen. Ich bin ihre Königin. Alle Edelsteine hat Gott mit wunderbaren Heilkräften versehen, die durch zwischenwirkende Fixsterne vermittelt werden. So ist zum Beispiel der Beryll einer der zwölf auserwählten Steine, die Johannes in der Apokalypse schaute. Der Beryll heilt kranke Augen und erneuert die Liebe unter Eheleuten. Jeder der Steine ist einmalig, jeder hat eine andere Heilwirkung. Wir sind die Hüter dieser Steine. Vor vielen Jahren kam ein böser Geist her. Er überlistete und knechtete uns. Seitdem herrscht er hier und hält auch die Männer der Siedlung in seinem Bann gefangen, denn er braucht sie hier für die Arbeit.«

»Jetzt verstehe ich, warum ich gerade in die weiße Halle kommen musste«, unterbrach sie der junge Mann, »die weißen Steine, vor allem Bergkristalle und Diamanten, sind die stärksten Steine überhaupt! Sie harmonisieren, heilen, zersetzen die Wirkungen der schwarzen Magie und verleihen dem Träger Mut.«

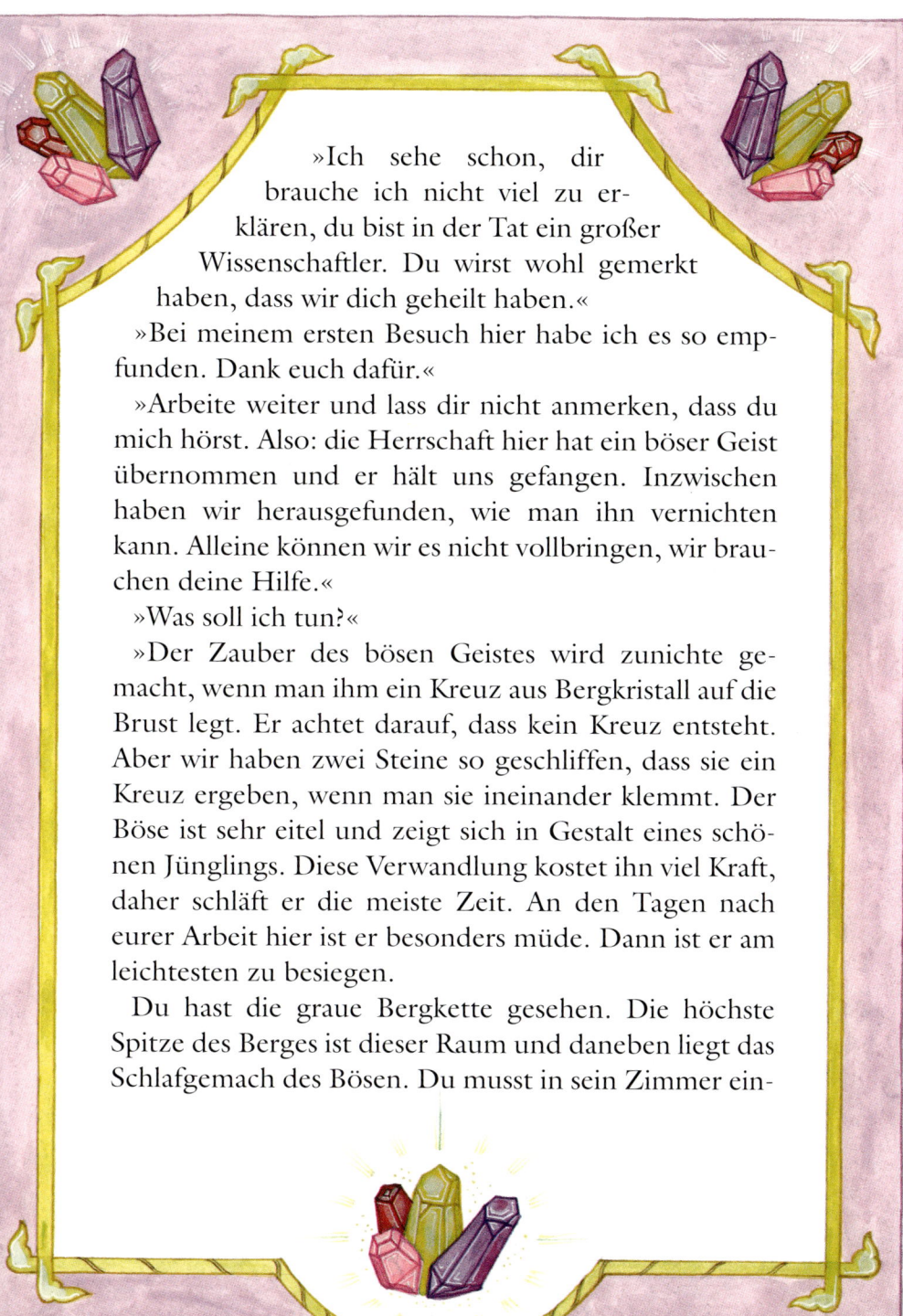

»Ich sehe schon, dir brauche ich nicht viel zu erklären, du bist in der Tat ein großer Wissenschaftler. Du wirst wohl gemerkt haben, dass wir dich geheilt haben.«

»Bei meinem ersten Besuch hier habe ich es so empfunden. Dank euch dafür.«

»Arbeite weiter und lass dir nicht anmerken, dass du mich hörst. Also: die Herrschaft hier hat ein böser Geist übernommen und er hält uns gefangen. Inzwischen haben wir herausgefunden, wie man ihn vernichten kann. Alleine können wir es nicht vollbringen, wir brauchen deine Hilfe.«

»Was soll ich tun?«

»Der Zauber des bösen Geistes wird zunichte gemacht, wenn man ihm ein Kreuz aus Bergkristall auf die Brust legt. Er achtet darauf, dass kein Kreuz entsteht. Aber wir haben zwei Steine so geschliffen, dass sie ein Kreuz ergeben, wenn man sie ineinander klemmt. Der Böse ist sehr eitel und zeigt sich in Gestalt eines schönen Jünglings. Diese Verwandlung kostet ihn viel Kraft, daher schläft er die meiste Zeit. An den Tagen nach eurer Arbeit hier ist er besonders müde. Dann ist er am leichtesten zu besiegen.

Du hast die graue Bergkette gesehen. Die höchste Spitze des Berges ist dieser Raum und daneben liegt das Schlafgemach des Bösen. Du musst in sein Zimmer ein-

steigen und ihm das Kreuz auf die Brust legen. Bitte die Männer der Siedlung um Hilfe. Wir werden auf euch warten und das Kreuz bereithalten.«

Die Stimme verstummte.

Die Nacht neigte sich dem Ende zu. Als die Männer ins Freie kamen, sagte der Forscher zum Dorfältesten: »Ruf heute Abend alle Männer des Ortes zusammen. Ich habe euch etwas Wichtiges mitzuteilen.«

Als alle versammelt waren, begann der Gast: »Heute Nacht habe ich mit der Königin der Feen ein langes Gespräch geführt. Sie hat mir erklärt, wie ich euch von dem bösen Geist befreien kann. Aber ich brauche eure Hilfe dazu!«

Und er erklärte, was zu tun war.

Die Männer schwiegen, dachten nach, dann stand der Dorfälteste auf: »Wir werden dir helfen. Wir bringen dich hin und lassen dich in den Raum hinunter. Dann ziehen wir dich wieder hoch. Keiner von uns hat einen so jungen Retter erwartet. Wir stehen zu dir mit Rat und Tat!«

Schon am nächsten Morgen brachen sie auf. Einen direkten Weg gab es nicht. Beschwerlich und auf Umwegen kamen sie voran. Gegen Abend erreichten sie die graue Bergkette, packten ihr karges Essen aus und sahen sich nach einem Platz zum Schlafen um.

Die Nacht war sehr kalt, früh wachten die Männer auf. Unweit ihrer Schlafstätte lagen zwei bearbeitete Bergkristalle. Im Nu war daraus ein Kreuz zusammengesetzt.

Die Sonne ging auf. Als ihr erster Strahl auf das geschliffene Kristallkreuz fiel, drehte sich dieses und wies auf einen Spalt im Gestein. Die Männer kamen näher heran und entdeckten ein offenes Fenster. Sie ließen den Fremden an Seilen in das Zimmer herab.

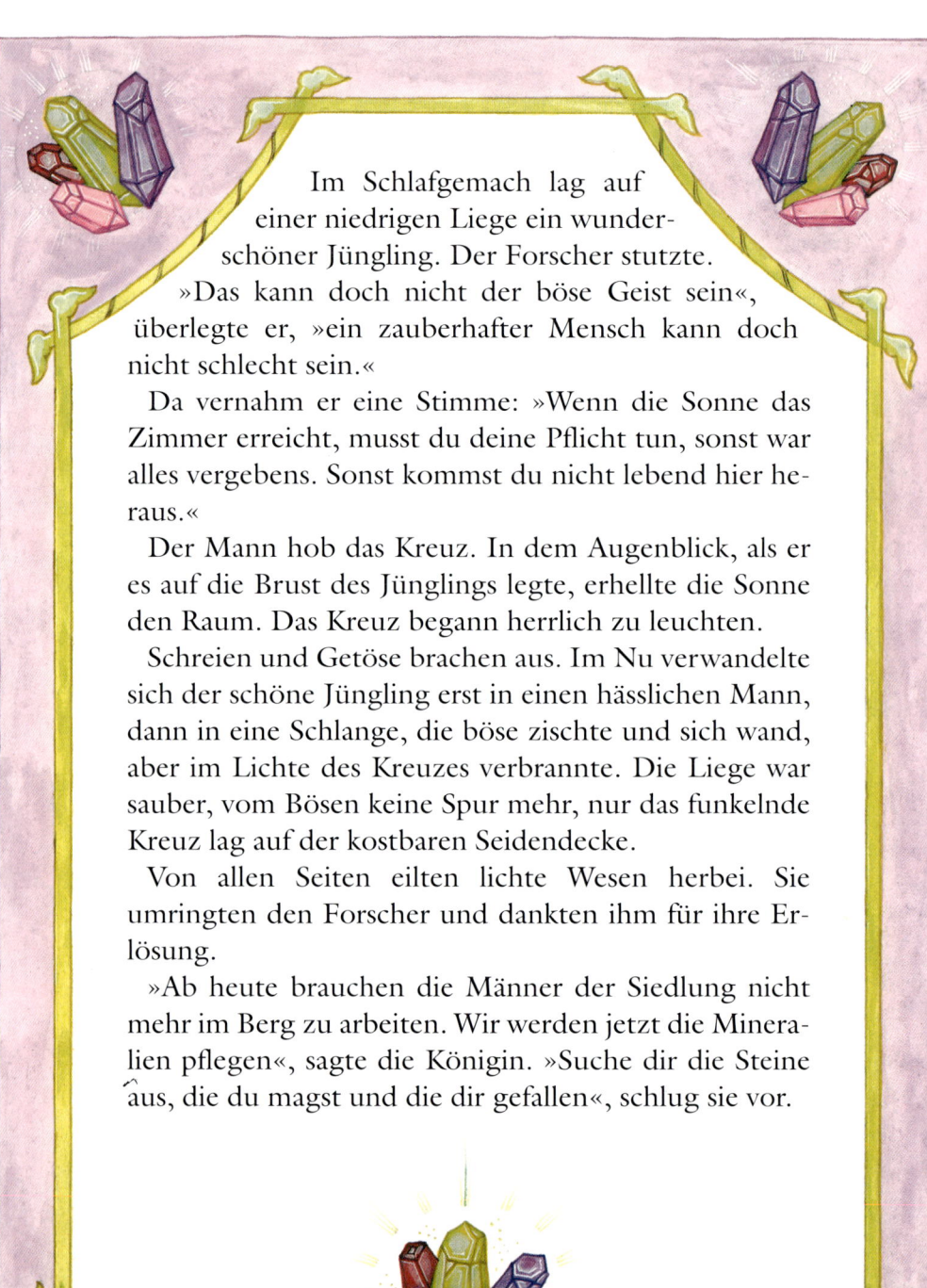

Im Schlafgemach lag auf einer niedrigen Liege ein wunderschöner Jüngling. Der Forscher stutzte.

»Das kann doch nicht der böse Geist sein«, überlegte er, »ein zauberhafter Mensch kann doch nicht schlecht sein.«

Da vernahm er eine Stimme: »Wenn die Sonne das Zimmer erreicht, musst du deine Pflicht tun, sonst war alles vergebens. Sonst kommst du nicht lebend hier heraus.«

Der Mann hob das Kreuz. In dem Augenblick, als er es auf die Brust des Jünglings legte, erhellte die Sonne den Raum. Das Kreuz begann herrlich zu leuchten.

Schreien und Getöse brachen aus. Im Nu verwandelte sich der schöne Jüngling erst in einen hässlichen Mann, dann in eine Schlange, die böse zischte und sich wand, aber im Lichte des Kreuzes verbrannte. Die Liege war sauber, vom Bösen keine Spur mehr, nur das funkelnde Kreuz lag auf der kostbaren Seidendecke.

Von allen Seiten eilten lichte Wesen herbei. Sie umringten den Forscher und dankten ihm für ihre Erlösung.

»Ab heute brauchen die Männer der Siedlung nicht mehr im Berg zu arbeiten. Wir werden jetzt die Mineralien pflegen«, sagte die Königin. »Suche dir die Steine aus, die du magst und die dir gefallen«, schlug sie vor.

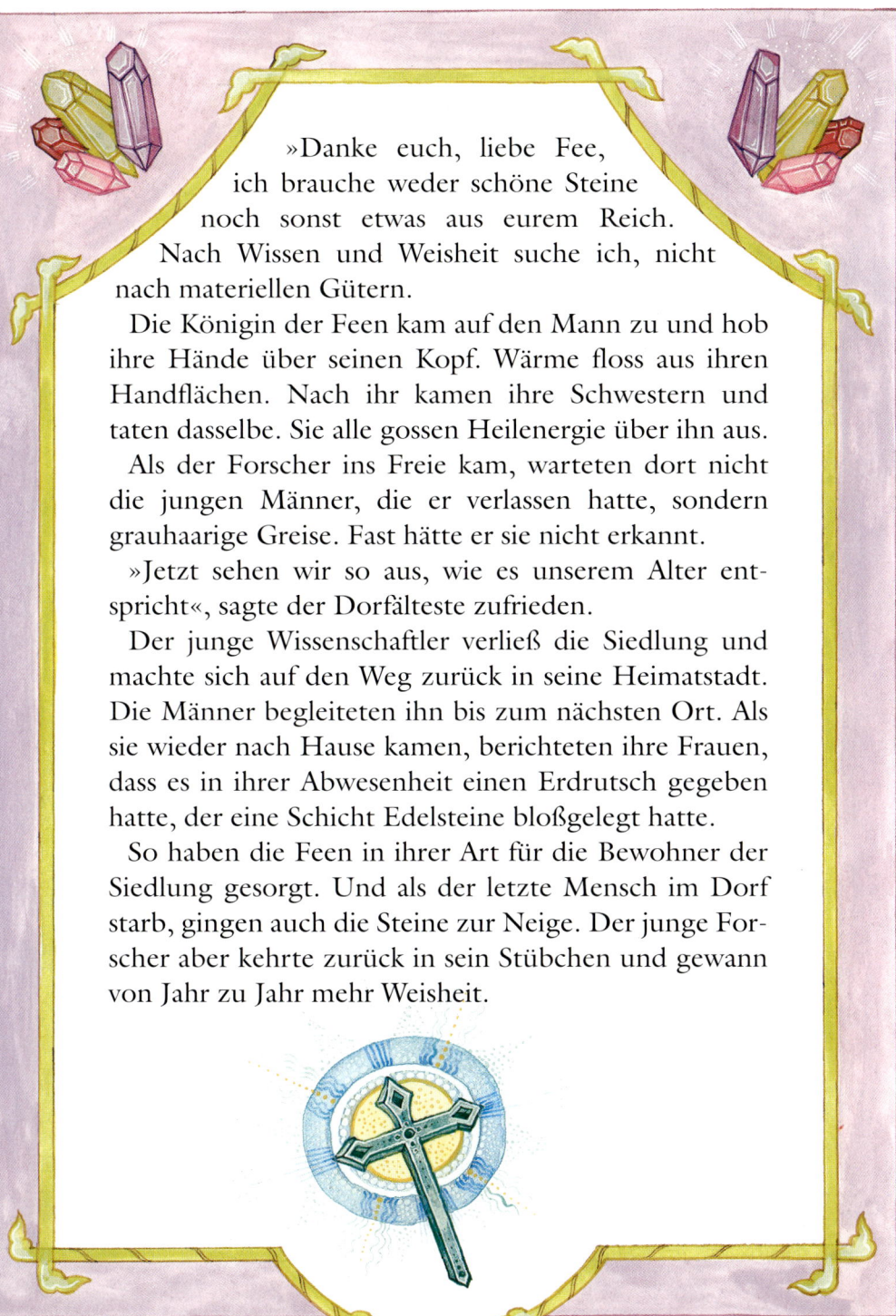

»Danke euch, liebe Fee,
ich brauche weder schöne Steine
noch sonst etwas aus eurem Reich.

Nach Wissen und Weisheit suche ich, nicht nach materiellen Gütern.

Die Königin der Feen kam auf den Mann zu und hob ihre Hände über seinen Kopf. Wärme floss aus ihren Handflächen. Nach ihr kamen ihre Schwestern und taten dasselbe. Sie alle gossen Heilenergie über ihn aus.

Als der Forscher ins Freie kam, warteten dort nicht die jungen Männer, die er verlassen hatte, sondern grauhaarige Greise. Fast hätte er sie nicht erkannt.

»Jetzt sehen wir so aus, wie es unserem Alter entspricht«, sagte der Dorfälteste zufrieden.

Der junge Wissenschaftler verließ die Siedlung und machte sich auf den Weg zurück in seine Heimatstadt. Die Männer begleiteten ihn bis zum nächsten Ort. Als sie wieder nach Hause kamen, berichteten ihre Frauen, dass es in ihrer Abwesenheit einen Erdrutsch gegeben hatte, der eine Schicht Edelsteine bloßgelegt hatte.

So haben die Feen in ihrer Art für die Bewohner der Siedlung gesorgt. Und als der letzte Mensch im Dorf starb, gingen auch die Steine zur Neige. Der junge Forscher aber kehrte zurück in sein Stübchen und gewann von Jahr zu Jahr mehr Weisheit.

DAS TAFELGESCHIRR DES KÖNIGS

s regierte einst im Lande ein alter, schlauer und habgieriger König. Je älter er wurde, umso habgieriger wurde er. Die Kunde von ihm lief durch das ganze Land und erreichte auch die Zwerge. Einer der Bergbewohner entschloss sich, den unwürdigen König zu bestrafen. Er fertigte ein goldenes Tafelgeschirr von seltener Schönheit an. Solange er an diesem Gerät arbeitete, bewegte ihn nur ein Gedanke: Der König muss von seiner Habgier ablassen! Jeder Mensch, der älter wird, muss klüger, verständiger, milder werden, muss seine Fehler einsehen und mit seinem grauen Haupt, das ja die Reinheit der Seele bedeutet, die Weisheit erlangen.

Nach geraumer Zeit stand eine ansehnliche Kiste voller goldener verzierter Teller, edelsteingeschmückter Becher und kunstvoll gearbeiteter Krüge da.

All diese Pracht wurde sorgfältig verpackt und an den Hof gebracht. »Eure Majestät, erlaubt mir, dem geringsten Eurer Untertanen, Euch diese Gabe zu Füßen zu legen«, sagte bescheiden der Meister.

»Ich nehme keine Geschenke an«, wies ihn der König unfreundlich zurück, »ich habe da so meine schlechten Erfahrungen gemacht. Wenn man mir etwas schenkt, so erwartet man gleich etwas anderes dafür.«

»Wie Eure Majestät wünschen«, meinte der Zwerg ergeben, »ich möchte nicht aufdringlich erscheinen, aber bevor ich gehe, möchte Majestät doch kurz einen Blick auf die Sachen werfen.«

Er öffnete die Kiste und zeigte den Inhalt. Die Augen des Königs wurden groß und seine Finger griffen gierig nach den Schätzen.

»Was willst du dafür? Woher hast du diese Sachen?«

»Ich habe sie selbst für Eure Majestät geschaffen, sie sind nur eines Königs würdig.«

»Was willst du dafür haben? Ich nehme nichts umsonst.«

»Wenn ich mir erlauben darf, ein altes Silberstück aus der Hand Eurer Majestät genügt.«

»Abgemacht! Man bringe mir meine Schatulle!«, rief der König. Der Handel schien ihm günstig.

Der Meister erhielt vom König eine Münze und ging zufrieden davon.

Schon am nächsten Tag gab es ein Fest am Hofe und viele Edle waren eingeladen, um ihnen das neue Tafelgeschirr zu zeigen und damit zu prahlen. Das allerschönste Gedeck nahm sich der König selbst.

Die Festmahlzeit begann. Die ersten Speisen wurden aufgetragen. Der König nahm einen Bissen, sein Gesichtsausdruck veränderte sich, ein riesiger Hunger überfiel ihn.

»So bringt doch endlich den nächsten Gang!«, schrie er ungeduldig. Aber je mehr aufgetischt wurde, umso hungriger wurde die ganze Gesellschaft. Schon mussten einige herausgetragen werden, weil ihnen unwohl geworden war. Aber sobald sie den Speisesaal wieder betraten und sich an die Tafel setzten, aßen sie weiter und weiter. Der König öffnete seine Kleidung, die ihn beengte, er konnte nur noch mit Mühe atmen. Sein Hunger aber war nicht gestillt, ganz im Gegenteil.

»Was steht ihr so lahm da?!«, herrschte er die Bediensteten an, »tragt doch auf! Los! Den nächsten Gang, aber beeilt euch!«

Die Diener liefen eilig davon und kamen mit leeren Händen zurück. Die Speisen waren alle.

»Das kann doch nicht wahr sein. Das hat es noch nie gegeben, dass meine Gäste und ich nicht satt wurden! Wo ist der Koch?«

Zitternd erschien der alte Küchenmeister, verneigte sich tief und sagte: »Eure Majestät möchte so gnädig sein und mir vergeben. Ich habe heute mehr gekocht und gebraten als sonst, aber nun sind alle Töpfe leer und ich habe auch keine Vorräte mehr, die ich zubereiten könnte. Ich bitte Euer Majestät untertänigst um Vergebung.«

Das Fest endete mit einem Missklang.

In der Nacht schlief der König unruhig, kaum graute es, da verlangte er auch schon nach seinem Frühstück. Der Kammerdiener erschien mit einem Tablett, auf dem frische Speisen im gewohnten Frühstücksgeschirr liebevoll angerichtet waren.

»Hinaus, du Lümmel! Wo ist mein schönes, neues Geschirr? Ich wünsche nur noch davon zu speisen!« Das Frühstück wurde im neuen Gedeck gebracht und der König aß und aß und aß …

Bald fühlte er sich nicht mehr wohl, er war zu schwer und zu dick geworden, aber der Hunger quälte ihn weiter bei Tag und Nacht. Um die körperlichen Schmerzen zu vergessen, lud er sich jetzt zum Essen immer Gäste ein. Das Küchenpersonal musste erst

verdoppelt werden, dann verdreifacht. Es wurde nicht mehr regiert, es wurde nicht mehr für die Untertanen gesorgt, jegliche Unterhaltung entfiel. Es wurde nur noch gegessen, gegessen, gegessen …

Bald waren sämtliche Speisekammern leer.

»Was steht ihr so dumm da? Ich habe doch Gold genug in den Truhen! Geht und kauft ein! Ihr werdet doch euren König nicht verhungern lassen!«

Aber alles Gold reichte nicht aus, um den täglich wachsenden Hunger des Herrschers zu befriedigen. Der arme König konnte sich kaum noch bewegen, das Atmen fiel ihm schwer, Herzbeschwerden quälten ihn, aber er aß und aß immer weiter.

Schon mussten Ländereien verkauft werden, sein Reich verkleinerte sich und schmolz dahin. Der König war nicht nur krank, sondern auch arm. Seine Diener verließen ihn, da er sie seit langem nicht mehr entlohnte. Als letztes verkaufte er sein prächtiges Tafelgeschirr, aber es war bereits zu spät, denn kurz danach starb er.

So bestrafte ein kluger Goldschmied aus dem Reich der Zwerge einen unwürdigen Herrscher.

DIE BEIDEN BECHER

Wenn die Dorfbewohner scheu am Tor des großen Parks vorbeieilten und sich bekreuzigten, so taten sie gut daran. Im Dorf munkelte man seit vielen Jahren, dass im Herrenhaus etwas nicht stimmte.

»Seht euch nur den Alten an. Unsere Großväter kannten ihn schon. Er ist steinalt und bedient die beiden Brüder immer noch. Außer ihm ist keine Hilfe im Hause.«

Wie alt der betagte Diener war, wusste keiner zu sagen. Auf dem Sterbebett hatte ihm der alte Graf aufgetragen, seine Söhne niemals zu verlassen. Und der treue Diener sorgte für sie, sorgte seit vielen Jahren. Die Söhne des Grafen waren selbst bereits grauhaarige Herren, mit müdem Gang und runzeligen Gesichtern. Der ältere hieß Wilhelm, der jüngere Bernhard und beide liebten den schattigen, verwilderten Park, die Stille des Hauses und die Abendstunden in der Bibliothek bei einem Feuer im Kamin.

Wilhelm trank dann gerne ein Glas Rotwein, dachte nach, setzte sich an den Schreibtisch und versuchte zu schreiben. Nach wiederholten Versuchen rieb er seine Stirn und murmelte verstörte: »Ich werde alt. Früher kamen mir nach einem Glas Wein immer so klare Gedanken, jetzt fällt mir gar nichts mehr ein.« Und er zerknüllte ärgerlich das beschmierte Papier und warf es weg.

Bernhard trank kaum mehr Wein. Lud ihn sein Bruder ein, gemeinsam ein Glas wie früher zu trinken, so geriet der Jüngere in eine Erregung, sprang auf und verließ den Raum. Im Park lief er dann unruhig herum und murmelte verwirrt: »Wie konnte ich es tun? Wie konnte ich bloß?« Seine Gedanken wanderten zurück und verloren sich in der Vergangenheit.

Es war geschehen, als die beiden noch Kinder waren. Eines Tages machte ihr Vater eine Reise in die nahe Stadt und brachte den Söhnen als Geschenk zwei gleiche Becher mit. Es waren sehr schöne Gefäße mit reicher Edelsteinverzierung. Der eine Trinkbecher war mit

Rubinen, der andere mit Smaragden geschmückt. Der alte Kammerdiener, der ja bekanntlich alles wusste, schüttelte missbilligend den Kopf und meinte sorgenvoll: »Ist nicht von Menschenhand geschaffen. Menschen können solch feine Sachen nicht anfertigen, das ist Zwergenarbeit. Wenn das nur kein Unglück bringt!« Aber die beiden Brüder lachten nur darüber und freuten sich über das Geschenk ihres Vaters.

Das war der eigentliche Beginn der Geschichte.

Der stillere und gutmütigere der beiden Brüder war Bernhard. Er war auch der Klügere. Tranken die Jungen jedoch aus diesen Bechern, so wurde Bernhard von einem Tötungsdrang befallen, der ihn selbst und andere erschreckte. Er sprang auf, lief hinaus, ritt in den Wald und tötete das Wild und die Vögel, jedes Tier, das ihm vor die Flinte kam.

Wilhelm reagierte genau entgegengesetzt. Nach jedem Schluck wurde er stiller, besinnlicher, weiser. Er zog sich zurück, schrieb Geschichten und lange Briefe.

Die Brüder wuchsen heran und Bernhard heiratete. Die beiden Becher wurden statt mit Saft oder Milch jetzt mit Wein gefüllt. Saßen die Brüder zusammen und tranken, so sprang Bernhard nach dem ersten Schluck auf: »Blut! Blut will ich sehen! Blut, so rot wie der Wein, wie diese Steine!« Meist kam er spät zurück, mit blutbespritzter Kleidung. Man munkelte, der junge Herr überfalle Reisende auf der Straße.

Wilhelm jedoch sagte nach dem ersten Schluck: »Im Wein liegt viel Wahrheit, viel Weisheit, viel Ungeahn-

tes!« Er blickte sinnend vor sich hin, betrachtete aufmerksam die Smaragde auf dem Becher, trank langsam weiter und dachte nach. Dann läutete er, befahl, Papier und Feder zu bringen und schrieb mehrere Stunden über so schwierige Dinge, dass er sogar die Gelehrten in Erstaunen versetzte.

»Diese unseligen Becher«, klagte der alte Kammerdiener des verstorbenen Grafen, »sie werden noch Unheil anrichten.«

Eines Abends saßen beide Brüder mit Bernhards Frau im Salon. Im Kamin flackerte das Feuer, die junge Frau strickte winzige Kinderwäsche. Bernhard läutete: »Bring uns Wein!«, befahl er dem Diener, »den alten Burgunder aus dem Keller!«

Die junge Frau blickte besorgt zu ihrem Mann. »Wollten wir nicht spazieren gehen?«, fragte sie schüchtern.

»Erst trinken wir einen Schluck, Bruder.«

»Ich habe nichts dagegen!«

Der Wein funkelte in den goldenen Bechern. Bernhard nahm einen Schluck, seine Augen liefen rot an, er trank noch einen Schluck: »Blut …«, sagte er langsam. »Blut, so rot wie dieser Wein!«, schrie er plötzlich, sprang auf und stürzte zur Tür.

»Ich bitte dich, Bernhard«, bat sein junges Weib, »bleib da.«

»Blut!«, rief er wieder, drehte sich um und griff nach dem Schwert über dem Kamin.

»Bernhard!«, schrie die Frau verzweifelt, »Bernhard, bleib da! Mir zuliebe! Unserem Kinde zuliebe!«

Doch Bernhard war berauscht, besessen.

»Weg da, Weib!«, schrie er, »weg mit dir! Mach die Tür frei!«

»Bernhard, ich bitte …«, fing sie an.

»Dann so!«, brüllte er und stach ihr das Schwert in die Brust.

Lautlos brach sie zusammen. Das Entsetzliche war geschehen. Beide Becher zerbrachen im selben Augenblick und der Rest des Weines floss auf den Tisch und tropfte zu Boden; so rot wie das Blut, so rot wie die Steine. Die bösen Gedanken des Zwerges, der die Becher angefertigt hatte, waren in Erfüllung gegangen. Bernhard ließ das Schwert fallen, griff sich an die Stirn und fiel zu Boden. Wilhelm und der alte Diener bemühten sich um die junge Frau, aber jede Hilfe kam zu spät. Sie regte sich nicht mehr.

»Diese unseligen Becher«, klagte der alte Mann, »hätte ich sie nur früher vernichtet …« Bittere Tränen liefen die mageren Wangen des treuen Dieners hinunter.

143

DAS VERROSTETE SCHWERT

Die verwitterte, alte Burg stand über den Wolken auf der höchsten Spitze des Berges und war nur selten zu sehen. Zerstoben jedoch die Wolken, so sah man vom Tal aus die gespenstischen grauen Zacken der Mauer, eine von der Zeit angegriffene schiefe Steinmasse. Vor dem Regen, an klaren Tagen, waren deutlich die kleinen Fenster zu erkennen, aber kein menschliches Wesen zeigte sich dort jemals. Der Weg hinauf war von hohem Gras überwuchert und seit langem kaum noch benützt worden. Einmal in der Woche stieg eine alte Bäuerin hinauf und brachte einen Korb Lebensmittel.

So rau und unfreundlich diese Burg aussah, so unfreundlich waren auch ihre Bewohner. Der alte Herr war ein ungeduldiger, jähzorniger Mann, der seine ganze Umgebung tyrannisierte. Seine Frau gehorchte ihm schweigend und rächte sich dafür an anderen.

Die Dienerschaft der Burg bestand aus dem betagten, halb tauben Kammerdiener und der dicken Köchin. So entlud sich der angestaute Zorn der Dame auf dem einzigen rechtlosen Geschöpf, auf dem sechzehnjährigen Mündel des alten Herrn, der freundlichen Gerda.

Mit fünf Jahren war Gerda nach dem Tode ihrer Eltern auf die Burg gebracht worden und hatte sie seitdem nicht mehr verlassen. Von früh bis spät musste sie schwer arbeiten, unzählige Male lief sie die steilen Treppen hinauf und hinunter und jeder hatte etwas an ihr auszusetzen und versuchte, die eigene Unzulänglichkeit an ihr abzureagieren.

Es schien, als ob die Bewohner der Burg von der Welt und den Menschen vergessen worden waren. Niemals kam ein Besucher herauf, nicht mal der Geistliche machte sich die Mühe, den steilen Weg zu erklimmen.

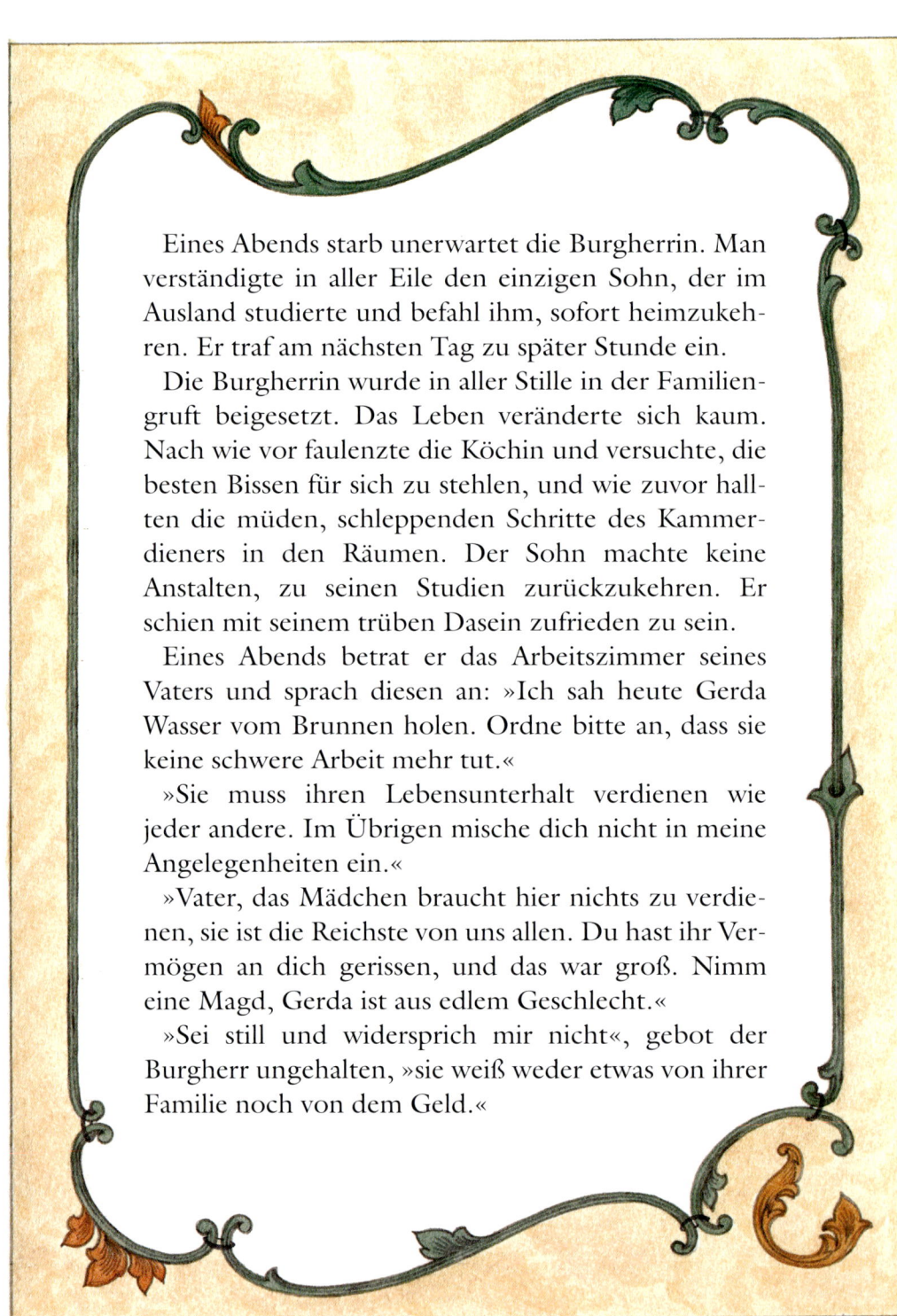

Eines Abends starb unerwartet die Burgherrin. Man verständigte in aller Eile den einzigen Sohn, der im Ausland studierte und befahl ihm, sofort heimzukehren. Er traf am nächsten Tag zu später Stunde ein.

Die Burgherrin wurde in aller Stille in der Familiengruft beigesetzt. Das Leben veränderte sich kaum. Nach wie vor faulenzte die Köchin und versuchte, die besten Bissen für sich zu stehlen, und wie zuvor hallten die müden, schleppenden Schritte des Kammerdieners in den Räumen. Der Sohn machte keine Anstalten, zu seinen Studien zurückzukehren. Er schien mit seinem trüben Dasein zufrieden zu sein.

Eines Abends betrat er das Arbeitszimmer seines Vaters und sprach diesen an: »Ich sah heute Gerda Wasser vom Brunnen holen. Ordne bitte an, dass sie keine schwere Arbeit mehr tut.«

»Sie muss ihren Lebensunterhalt verdienen wie jeder andere. Im Übrigen mische dich nicht in meine Angelegenheiten ein.«

»Vater, das Mädchen braucht hier nichts zu verdienen, sie ist die Reichste von uns allen. Du hast ihr Vermögen an dich gerissen, und das war groß. Nimm eine Magd, Gerda ist aus edlem Geschlecht.«

»Sei still und widersprich mir nicht«, gebot der Burgherr ungehalten, »sie weiß weder etwas von ihrer Familie noch von dem Geld.«

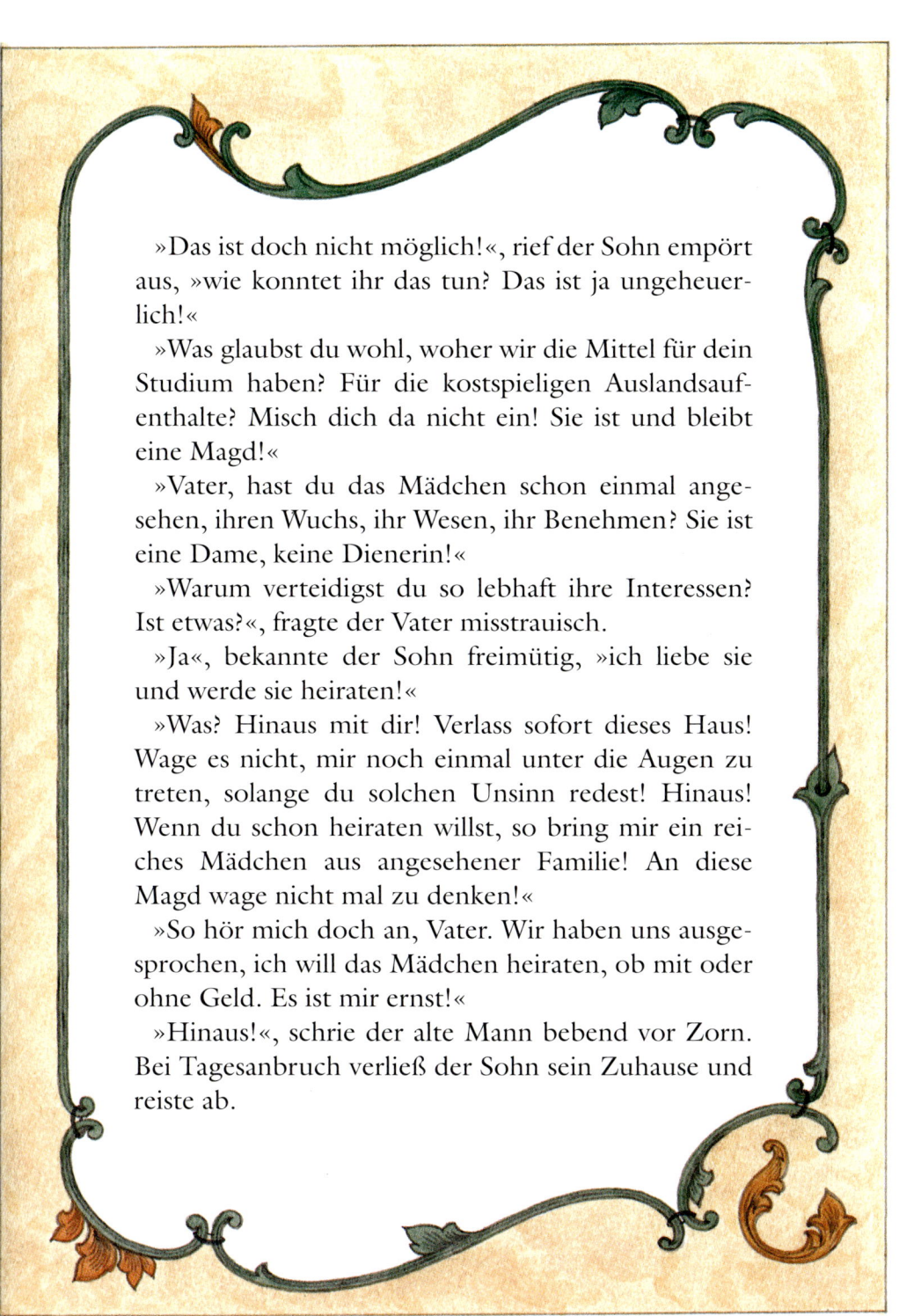

»Das ist doch nicht möglich!«, rief der Sohn empört aus, »wie konntet ihr das tun? Das ist ja ungeheuerlich!«

»Was glaubst du wohl, woher wir die Mittel für dein Studium haben? Für die kostspieligen Auslandsaufenthalte? Misch dich da nicht ein! Sie ist und bleibt eine Magd!«

»Vater, hast du das Mädchen schon einmal angesehen, ihren Wuchs, ihr Wesen, ihr Benehmen? Sie ist eine Dame, keine Dienerin!«

»Warum verteidigst du so lebhaft ihre Interessen? Ist etwas?«, fragte der Vater misstrauisch.

»Ja«, bekannte der Sohn freimütig, »ich liebe sie und werde sie heiraten!«

»Was? Hinaus mit dir! Verlass sofort dieses Haus! Wage es nicht, mir noch einmal unter die Augen zu treten, solange du solchen Unsinn redest! Hinaus! Wenn du schon heiraten willst, so bring mir ein reiches Mädchen aus angesehener Familie! An diese Magd wage nicht mal zu denken!«

»So hör mich doch an, Vater. Wir haben uns ausgesprochen, ich will das Mädchen heiraten, ob mit oder ohne Geld. Es ist mir ernst!«

»Hinaus!«, schrie der alte Mann bebend vor Zorn. Bei Tagesanbruch verließ der Sohn sein Zuhause und reiste ab.

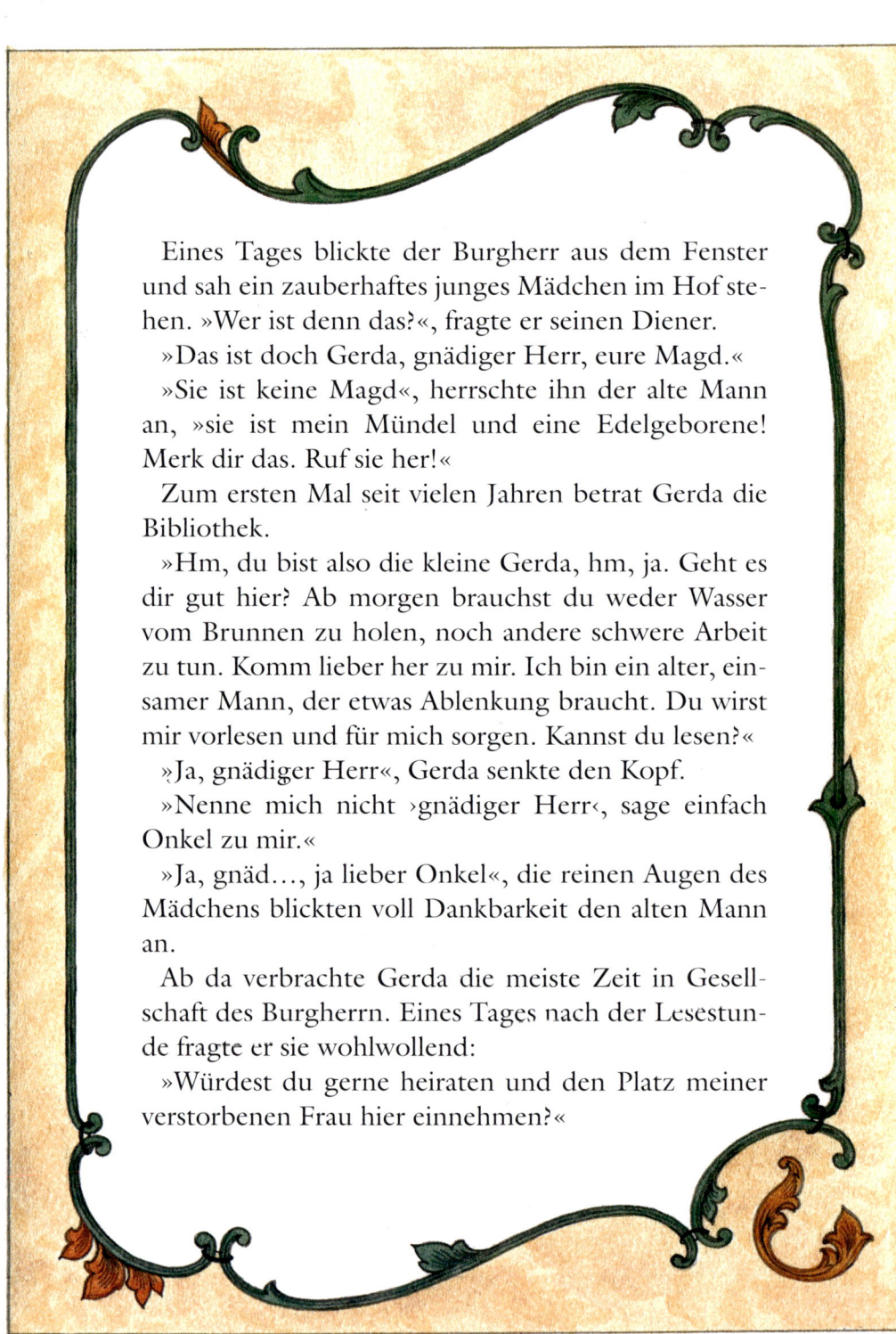

Eines Tages blickte der Burgherr aus dem Fenster und sah ein zauberhaftes junges Mädchen im Hof stehen. »Wer ist denn das?«, fragte er seinen Diener.

»Das ist doch Gerda, gnädiger Herr, eure Magd.«

»Sie ist keine Magd«, herrschte ihn der alte Mann an, »sie ist mein Mündel und eine Edelgeborene! Merk dir das. Ruf sie her!«

Zum ersten Mal seit vielen Jahren betrat Gerda die Bibliothek.

»Hm, du bist also die kleine Gerda, hm, ja. Geht es dir gut hier? Ab morgen brauchst du weder Wasser vom Brunnen zu holen, noch andere schwere Arbeit zu tun. Komm lieber her zu mir. Ich bin ein alter, einsamer Mann, der etwas Ablenkung braucht. Du wirst mir vorlesen und für mich sorgen. Kannst du lesen?«

»Ja, gnädiger Herr«, Gerda senkte den Kopf.

»Nenne mich nicht ›gnädiger Herr‹, sage einfach Onkel zu mir.«

»Ja, gnäd…, ja lieber Onkel«, die reinen Augen des Mädchens blickten voll Dankbarkeit den alten Mann an.

Ab da verbrachte Gerda die meiste Zeit in Gesellschaft des Burgherrn. Eines Tages nach der Lesestunde fragte er sie wohlwollend:

»Würdest du gerne heiraten und den Platz meiner verstorbenen Frau hier einnehmen?«

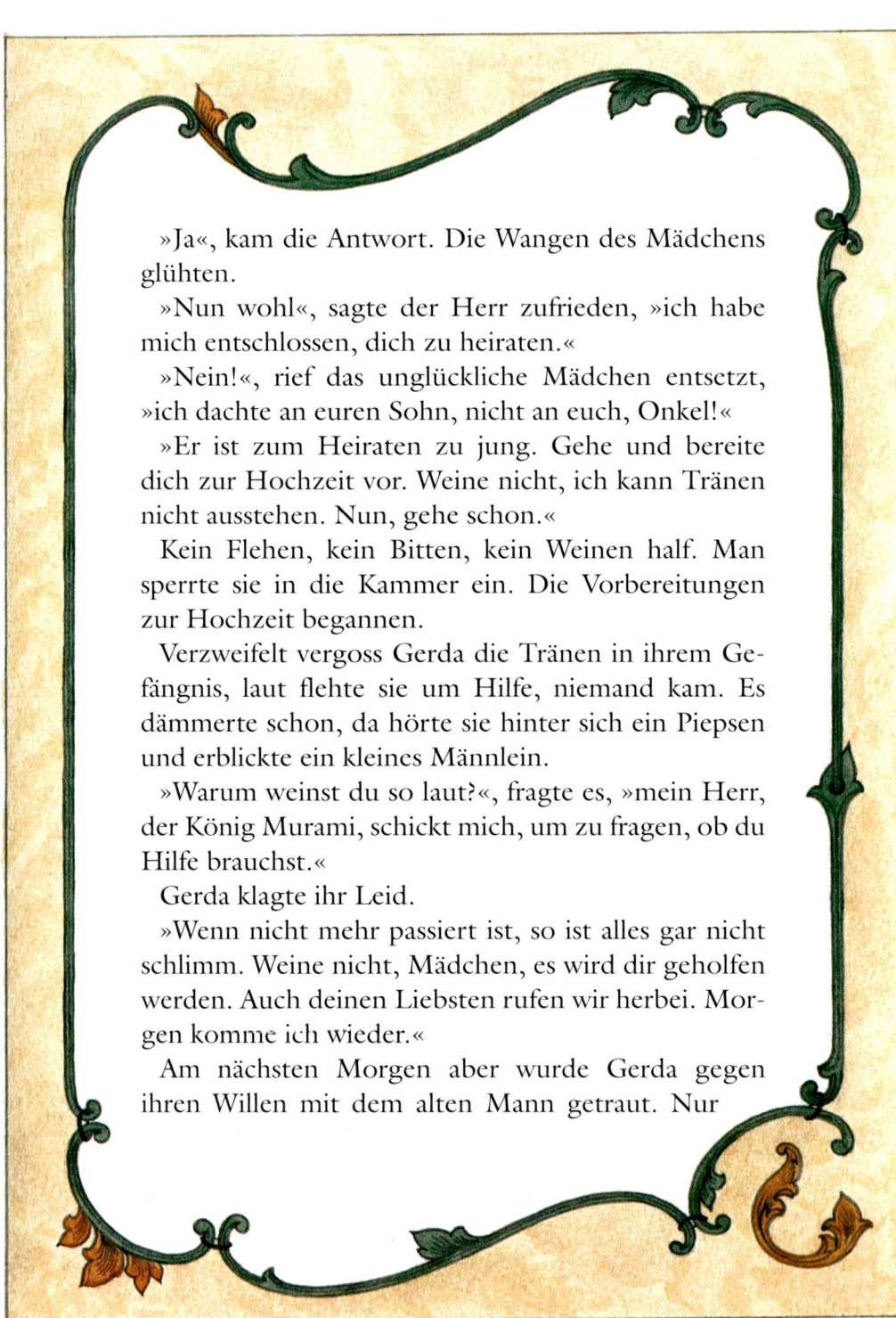

»Ja«, kam die Antwort. Die Wangen des Mädchens glühten.

»Nun wohl«, sagte der Herr zufrieden, »ich habe mich entschlossen, dich zu heiraten.«

»Nein!«, rief das unglückliche Mädchen entsetzt, »ich dachte an euren Sohn, nicht an euch, Onkel!«

»Er ist zum Heiraten zu jung. Gehe und bereite dich zur Hochzeit vor. Weine nicht, ich kann Tränen nicht ausstehen. Nun, gehe schon.«

Kein Flehen, kein Bitten, kein Weinen half. Man sperrte sie in die Kammer ein. Die Vorbereitungen zur Hochzeit begannen.

Verzweifelt vergoss Gerda die Tränen in ihrem Gefängnis, laut flehte sie um Hilfe, niemand kam. Es dämmerte schon, da hörte sie hinter sich ein Piepsen und erblickte ein kleines Männlein.

»Warum weinst du so laut?«, fragte es, »mein Herr, der König Murami, schickt mich, um zu fragen, ob du Hilfe brauchst.«

Gerda klagte ihr Leid.

»Wenn nicht mehr passiert ist, so ist alles gar nicht schlimm. Weine nicht, Mädchen, es wird dir geholfen werden. Auch deinen Liebsten rufen wir herbei. Morgen komme ich wieder.«

Am nächsten Morgen aber wurde Gerda gegen ihren Willen mit dem alten Mann getraut. Nur

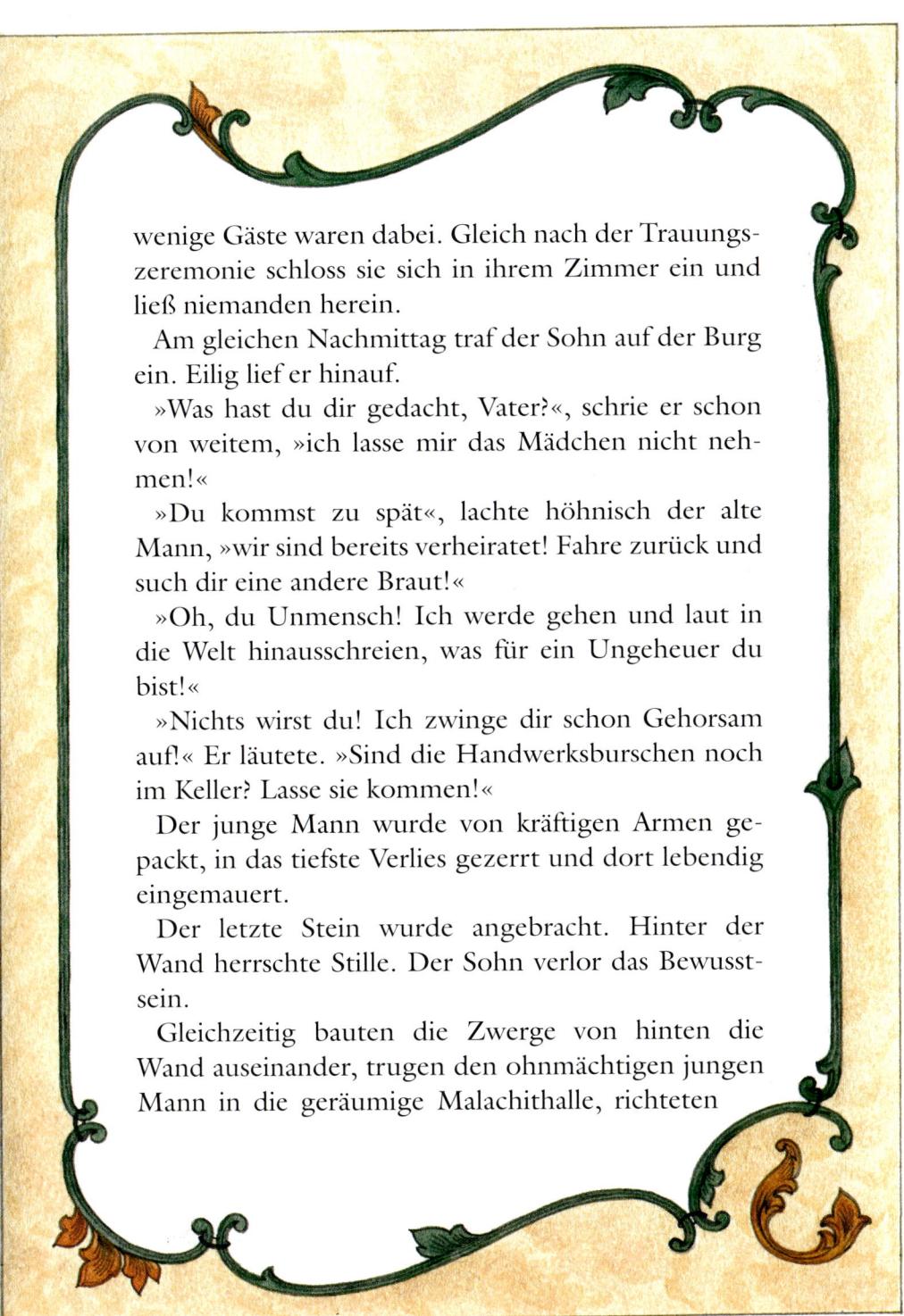

wenige Gäste waren dabei. Gleich nach der Trauungs-
zeremonie schloss sie sich in ihrem Zimmer ein und
ließ niemanden herein.

Am gleichen Nachmittag traf der Sohn auf der Burg
ein. Eilig lief er hinauf.

»Was hast du dir gedacht, Vater?«, schrie er schon
von weitem, »ich lasse mir das Mädchen nicht nehmen!«

»Du kommst zu spät«, lachte höhnisch der alte
Mann, »wir sind bereits verheiratet! Fahre zurück und
such dir eine andere Braut!«

»Oh, du Unmensch! Ich werde gehen und laut in
die Welt hinausschreien, was für ein Ungeheuer du
bist!«

»Nichts wirst du! Ich zwinge dir schon Gehorsam
auf!« Er läutete. »Sind die Handwerksburschen noch
im Keller? Lasse sie kommen!«

Der junge Mann wurde von kräftigen Armen gepackt, in das tiefste Verlies gezerrt und dort lebendig
eingemauert.

Der letzte Stein wurde angebracht. Hinter der
Wand herrschte Stille. Der Sohn verlor das Bewusst-
sein.

Gleichzeitig bauten die Zwerge von hinten die
Wand auseinander, trugen den ohnmächtigen jungen
Mann in die geräumige Malachithalle, richteten

ihn auf, lösten seine Fesseln und lehnten ihn an die Wand.

»Schlafe hier, bis dein Mädchen in größter Not nach dir ruft! Der Tag deines Kommens wird das Ende deines Vaters sein.«

Darauf überzog sich die Gestalt des jungen Mannes mit einer dicken Schicht des Malachits und erstarrte zu einer Säule.

Inzwischen brachten die kleinen Wesen ein altes verrostetes Schwert in Gerdas Zimmer.

»Solange dieses Schwert über deiner Tür hängt«, belehrte man sie, »wird keiner das Zimmer betreten können, der dir nicht wohlgesinnt ist. Nur durch das Anrufen der Unterwelt ist die Macht des Schwertes zu brechen, aber auch dann nur zum Teil. Zwar wird derjenige, der den Bösen beschwört, in dein Gemach eindringen können, aber die Wunden, die ihm das Schwert schlägt, werden nicht heilen.«

Ein Schlüssel drehte sich im Schloss. An der Schwelle stand der Burgherr.

»Komm mit!«, befahl er kurz.

»Nein!«, antwortete Gerda entschlossen. »Ich bleibe hier. Nur mit eurem Sohn verlasse ich diesen Raum.«

»Komm mit!«, schrie er und versuchte die Schwelle zu übertreten. Er prallte zurück und fiel zu Boden.

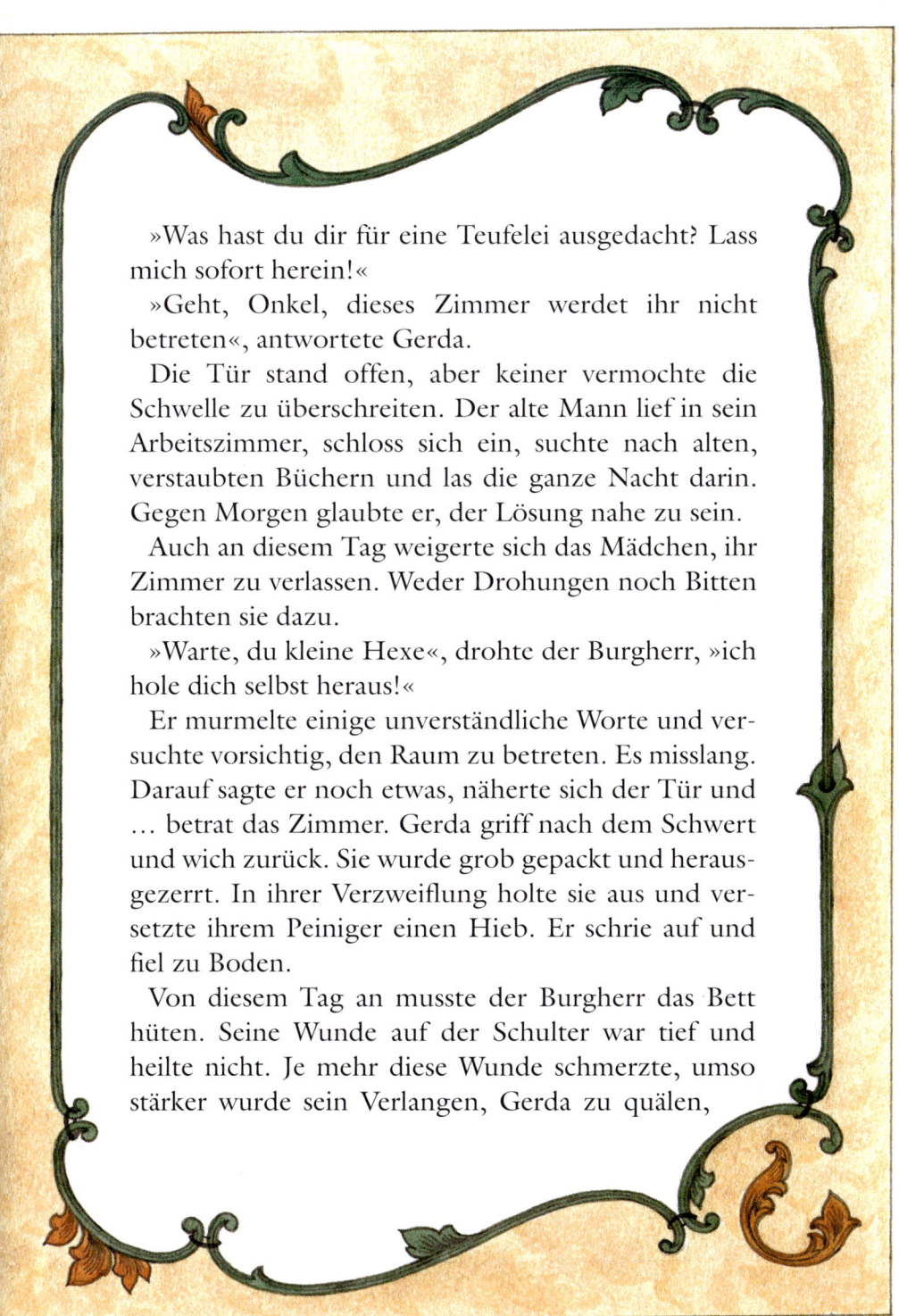

»Was hast du dir für eine Teufelei ausgedacht? Lass mich sofort herein!«

»Geht, Onkel, dieses Zimmer werdet ihr nicht betreten«, antwortete Gerda.

Die Tür stand offen, aber keiner vermochte die Schwelle zu überschreiten. Der alte Mann lief in sein Arbeitszimmer, schloss sich ein, suchte nach alten, verstaubten Büchern und las die ganze Nacht darin. Gegen Morgen glaubte er, der Lösung nahe zu sein.

Auch an diesem Tag weigerte sich das Mädchen, ihr Zimmer zu verlassen. Weder Drohungen noch Bitten brachten sie dazu.

»Warte, du kleine Hexe«, drohte der Burgherr, »ich hole dich selbst heraus!«

Er murmelte einige unverständliche Worte und versuchte vorsichtig, den Raum zu betreten. Es misslang. Darauf sagte er noch etwas, näherte sich der Tür und … betrat das Zimmer. Gerda griff nach dem Schwert und wich zurück. Sie wurde grob gepackt und herausgezerrt. In ihrer Verzweiflung holte sie aus und versetzte ihrem Peiniger einen Hieb. Er schrie auf und fiel zu Boden.

Von diesem Tag an musste der Burgherr das Bett hüten. Seine Wunde auf der Schulter war tief und heilte nicht. Je mehr diese Wunde schmerzte, umso stärker wurde sein Verlangen, Gerda zu quälen,

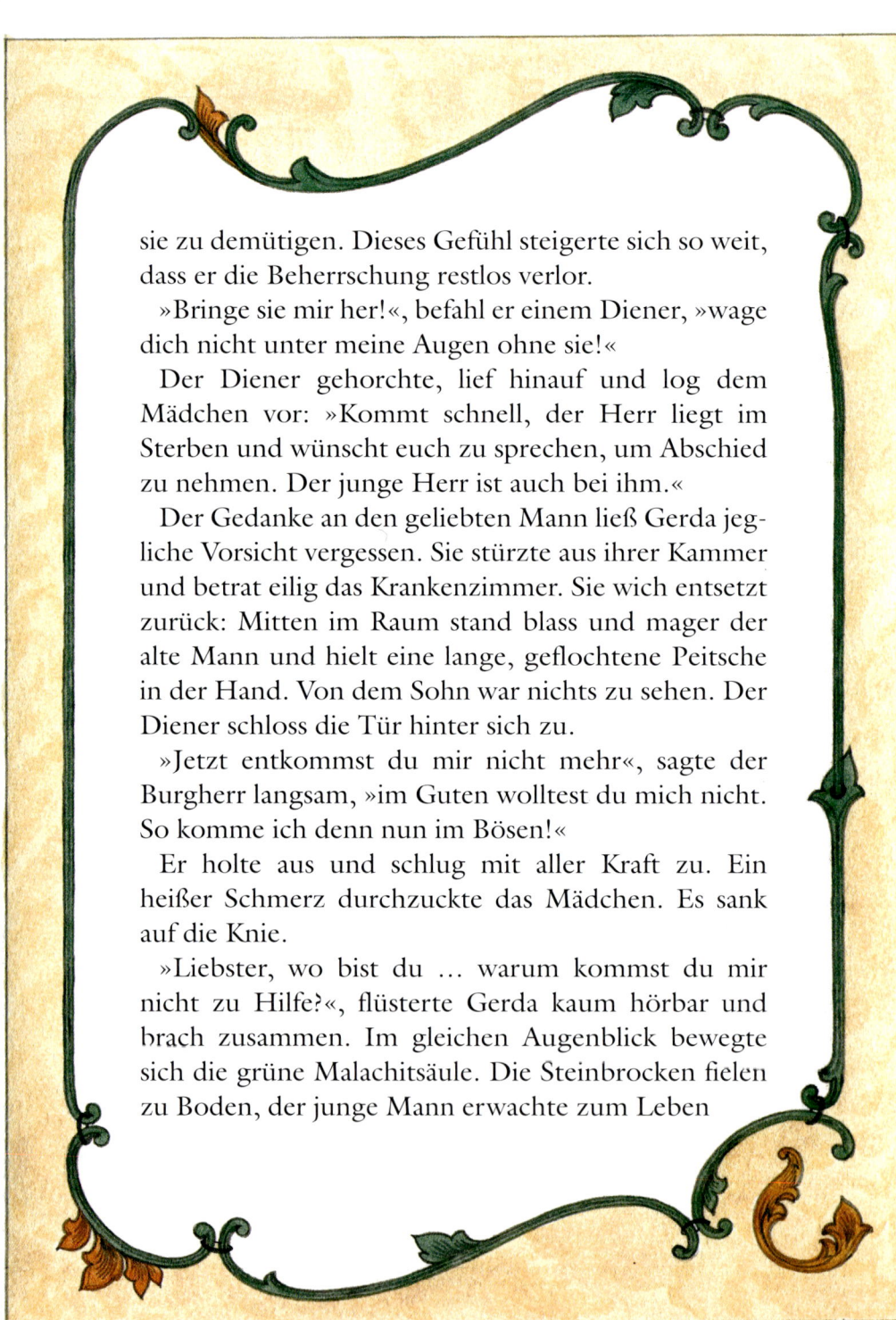

sie zu demütigen. Dieses Gefühl steigerte sich so weit, dass er die Beherrschung restlos verlor.

»Bringe sie mir her!«, befahl er einem Diener, »wage dich nicht unter meine Augen ohne sie!«

Der Diener gehorchte, lief hinauf und log dem Mädchen vor: »Kommt schnell, der Herr liegt im Sterben und wünscht euch zu sprechen, um Abschied zu nehmen. Der junge Herr ist auch bei ihm.«

Der Gedanke an den geliebten Mann ließ Gerda jegliche Vorsicht vergessen. Sie stürzte aus ihrer Kammer und betrat eilig das Krankenzimmer. Sie wich entsetzt zurück: Mitten im Raum stand blass und mager der alte Mann und hielt eine lange, geflochtene Peitsche in der Hand. Von dem Sohn war nichts zu sehen. Der Diener schloss die Tür hinter sich zu.

»Jetzt entkommst du mir nicht mehr«, sagte der Burgherr langsam, »im Guten wolltest du mich nicht. So komme ich denn nun im Bösen!«

Er holte aus und schlug mit aller Kraft zu. Ein heißer Schmerz durchzuckte das Mädchen. Es sank auf die Knie.

»Liebster, wo bist du … warum kommst du mir nicht zu Hilfe?«, flüsterte Gerda kaum hörbar und brach zusammen. Im gleichen Augenblick bewegte sich die grüne Malachitsäule. Die Steinbrocken fielen zu Boden, der junge Mann erwachte zum Leben und eilte dem Ruf nach. Ungehindert erreichte er das Zimmer seines Vater, drückte die Tür ein und trat hinein.

Der Burgherr holte gerade zu einem neuen Hieb aus. Als er aber den Sohn sah, erschrak er furchtbar, zuckte zusammen und fiel zu Boden.

Laut schluchzend warf sich Gerda in die Arme des Geliebten.

Immer noch sieht man an klaren Tagen die verwitterte alte Burg hoch auf der Spitze des Berges stehen, aber in den kalten Mauern herrscht jetzt Frieden und Freude. Tagsüber hört man Kinderstimmen und fröhliches Lachen. Gerda ist doch die Herrin der Burg geworden, wenn auch anders, als der alte Herr es wünschte. Dieser ruht neben seiner Frau in der kleinen Familiengruft.

Die Entscheidung

Nein, mein Gemahl, diese übernatürliche Gabe deiner Untertanen hat allerhand Böses geschaffen und kaum Gutes gebracht«, sagte die zarte Feenkönigin nachdenklich.

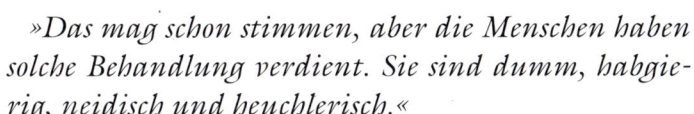

»Das mag schon stimmen, aber die Menschen haben solche Behandlung verdient. Sie sind dumm, habgierig, neidisch und heuchlerisch.«

»Nicht alle, nicht alle«, beeilte sich die Feenkönigin zu sagen, »es sind auch völlig Unschuldige dabei.«

»Du kennst noch nicht mal die Hälfte der Geschichten und schon tun dir die Menschen Leid.«

»Die meisten der Gegenstände, die deine Untertanen gefertigt haben, brachten nichts als Unglück, mein Gemahl.«

»An alle kann ich mich nicht mehr erinnern, es gab zu viele. Da war zum Beispiel die Geschichte mit der Ritterrüstung. Eine herrliche Rüstung war gemacht worden. Ein Helm, der leuchtete, ein Panzer, der nicht seinesgleichen hatte, ein Schild dazu, der ein Schmuckstück war. Diese vollständige Rüstung schenkte der König seinem würdigsten, tapfersten Ritter. Und seit dieser Zeit bestand der Held nicht einen einzigen Kampf, er verlor nur noch. Nach außen hin glänzte die Rüstung nach wie vor, nicht ein Kratzer war zu sehen, aber jeder Hieb traf, und unter seinem Panzer blutete der Kämpfer aus vielen Wunden. Eines Tages starb er an seinen Verletzungen.

Dann gab es da noch ein Schwert. Mit ihm hatte es eine ganz seltsame Bewandtnis: Wer auch immer die-

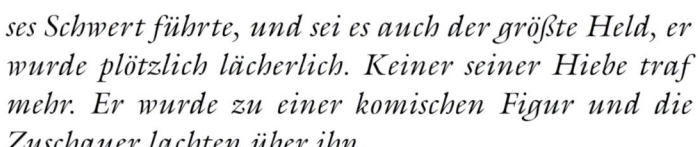

ses Schwert führte, und sei es auch der größte Held, er wurde plötzlich lächerlich. Keiner seiner Hiebe traf mehr. Er wurde zu einer komischen Figur und die Zuschauer lachten über ihn.

Es ist so vieles geschehen, dass ich das meiste bereits vergessen habe.«

»Als wir heirateten, mein Gemahl, versprachst du, mir einen Wunsch zu erfüllen. Kannst du dich daran erinnern? Bitte, gewähre ihn mir jetzt. Ich bitte dich darum.«

»Nun gut, du sollst haben, was immer du möchtest. Was ist dein Begehr?«

»Bitte, lass all die Gegenstände, denen eine Zauberkraft innewohnt, vernichten und erlaube nie mehr, neue von der gleichen Art anzufertigen. Ich bitte dich sehr darum. Bedenke doch, dass die größte Zahl dieser schönen Dinge viel Leid gebracht und viel Unglück verursacht hat.«

»Du verlangst viel von mir, sehr viel. Aber da ich es dir einmal versprochen habe, so soll es geschehen. Es sei, wie du verlangst!«

»Ich danke dir, du bist sehr großmütig, mein Gemahl!«

Und der mächtige König Murami hielt sein Versprechen.

ende

Die Meister der Palech-Schule
Der Weltruhm der Palecher Miniaturmalerei wurde im 17. Jahrhundert begründet, als Ikonenmaler aus dem Susdaler Fürstentum, darunter viele aus dem Dorf Palech, nach Moskau gerufen wurden, um in den Werkstätten für Ikonenmalerei zu arbeiten. Solange das Zarentum bestand, wuchs der Ruhm der Palecher Maler. Nach der Oktoberrevolution 1918 begannen sie mit der einzigartigen Lack-Miniaturmalerei, zum Beispiel auf kleinen Holzdosen, für die sie heute bekannt sind. Die fein und dünn aufgetragenen Farben verschmelzen mit dem Glanz der schwarzen Lackoberfläche und leuchten aus der Tiefe heraus wie kostbare Edelsteine.
Volkstümlichkeit, klare Linienführung und außergewöhnliche Farbenpracht kennzeichnen den Stil der Palech-Schule, in dem alte Tradition und moderne Auffassungen nebeneinander bestehen. Für diesen Band waren Palech-Künstler erstmalig als Illustratoren eines Buchs aus der westlichen Welt tätig.

Über die Autorin
Medina Coenegrachts, geboren 1922 in St. Petersburg, Angehörige des russischen Hochadels, Ingenieurin und Übersetzerin, fand erst spät zu ihrer Berufung als Schriftstellerin. In ihren Märchen verbindet sie das Wissen um Beschaffenheit und Wirkung der Edelsteine mit der zauberhaften Atmosphäre phantastischer Welten. Medina Coenegrachts lebt seit 1943 in Neu-Ulm.

Der Text dieses Buches folgt den neuen Regeln der deutschen Rechtschreibung.

© 1997 by Weltbild Verlag GmbH, Augsburg

Einbandgestaltung: W. Siemons, Augsburg
Layout und Satz: AVAK Publikationsdesign, München
Lithoarbeiten: Kaltner Media, Bobingen
Druck und Bindung: Neue Stalling, Oldenburg

Printed in Germany

ISBN 3-89604-510-5